日本戰國武將列傳

英才輩出的壯闊時代

目錄

第3章
其他群雄

專欄

武將資料的圖例

❶家徽…主要使用的家徽

❷名字…姓名或通稱

❸生卒年…出生與死亡年分

❹戰鬥…武將的戰鬥能力或作戰統御力

　　智力…政治、外交、謀略能力

　　家世…家族的社會地位高低

　　野心…支配與出人頭地的慾望

❺出生地…出生地區

❻解說…武將事跡與生平

❼武將軼聞…知名的軼聞故事

群雄的興亡

動盪不安
戰國時代

戰國究竟是什麼樣的一個時代呢？本單元將以具有實力的群雄們為中心，來觀察戰國時代的勢力是如何變化的吧。

戰國時代的序幕與群雄之戰

1467年的應仁之亂，影響波及全國各地，也揭開了日本邁入戰亂時代的序幕。室町幕府在這持續約10年的紛亂當中，逐漸失去統御天下的影響力，取而代之的是治理各地的守護大名，以及起身「下克上」的國人（地方豪族）等握有實權的人。這些成為獨立統治者的群雄，便是人們所稱呼的「戰國大名」。

戰國大名會為了擴張自己的領土而攻打他國，致使各地烽火不斷。然而在眾多戰國大名當中，只有甲斐國（山梨縣）的武田家、越後國（新潟縣）的上杉家、關東的北條家、東海的今川家，這些實力堅強的大名們脫穎而出。

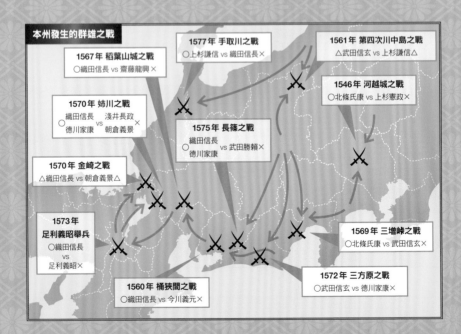

本州發生的群雄之戰

1567年 稻葉山城之戰
○織田信長 vs 齋藤龍興×

1577年 手取川之戰
○上杉謙信 vs 織田信長×

1561年 第四次川中島之戰
△武田信玄 vs 上杉謙信△

1546年 河越城之戰
○北條氏康 vs 上杉憲政×

1570年 姉川之戰
○織田信長　淺井長政
　德川家康 vs 朝倉義景×

1575年 長篠之戰
織田信長
德川家康 vs 武田勝賴×

1570年 金崎之戰
△織田信長 vs 朝倉義景△

1573年
足利義昭舉兵
○織田信長
vs
足利義昭×

1569年 三增峠之戰
○北條氏康 vs 武田信玄×

1572年 三方原之戰
○武田信玄 vs 德川家康×

1560年 桶狹間之戰
○織田信長 vs 今川義元×

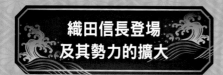

織田信長登場及其勢力的擴大

　　1534年，尾張國（今愛知縣）誕生了一位豪傑，此人的名字正是織田信長。信長在年少時期，曾做出不少荒誕不羈的行為，而被時人稱為「尾張的大傻瓜」。然而在信長繼承織田家後，卻能一一擊敗敵對勢力，繼而完成尾張國的統一；接著又於桶狹間之戰中，大敗東海最具實力的今川軍，並且成功斬殺今川義元。

　　打敗人稱「東海道第一神射手」的義元而聲名大噪的信長，與從今川家獨立出來的德川家康締結同盟，隨後攻取美濃國，並以美濃作為根據地。至此之後，信長開始使用代表「以武力取得天下」的「天下布武」之印，明確地彰顯出其統一天下的意志。

　　而後，信長庇護幕府將軍足利義昭而完成上洛，並利用幕府的權力來擴大自身的勢力範圍。然而，不甘於被當成傀儡的義昭開始與信長對立，號召各地大名組織信長包圍網，甚至連迎娶信長之妹的盟友——淺井長政也向信長舉起反旗，致使織田家面臨滅亡的危機。不料信長最大的勁敵——武田信玄，卻於此時病逝，使得信長得以調動兵力，擊敗朝倉家與淺井家等敵對大名，最終促使包圍網瓦解，而發起包圍網的足利義昭也被逐出京都，致使持續200年以上的室町幕府就此滅亡。

年代	事件
1467年	應仁之亂爆發
1473年	應仁之亂的首謀細川勝元、山名宗全相繼去世
1474年	足利義政把將軍一職讓予足利義尚
1477年	應仁之亂結束
1497年	毛利元就誕生
1521年	武田信玄誕生
1530年	上杉謙信誕生
1534年	織田信長誕生
1536年	花倉之亂
1537年	豐臣秀吉誕生
1539年	長宗我部元親誕生
1540年	毛利元就進軍安藝國
1542年	德川家康誕生
1543年	鐵砲（火器）傳來
1545年	北條氏康確立關東的統治權
1546年	河越城之戰（河越夜戰）
1548年	德川家康成為今川義元的人質
1549年	織田信長娶齋藤道三之女濃姬，締結同盟
1550年	砥石城之戰
1551年	織田信長繼任織田家的家督
1553年	武田信玄平定信濃
1554年	第一次川中島之戰
1554年	武田信玄、北條氏康、今川義元，三國同盟締結
1554年	豐臣秀吉仕於織田信長麾下
1555年	第二次川中島之戰
1555年	嚴島之戰
1556年	長良川之戰
1556年	織田信長殺害胞弟信行，平定織田家的紛爭
1557年	第三次川中島之戰
1560年	桶狹間之戰
1560年	長濱之戰
1560年	德川家康於三河國獨立
1561年	森邊之戰
1561年	第四次川中島之戰
1562年	織田信長與德川家康締結清洲同盟
1564年	第五次川中島之戰
1565年	永祿之變
1566年	豐臣秀吉興建墨俁城

歷史概要

動盪不安戰國時代群雄的興亡

織田信長猝逝與後繼者之爭

織田信長的勢力迅速擴張，然而信長完全不在乎既有的價值觀，並且一意專斷獨行，使得反彈信長做法的人有增無減，甚至出現部屬叛變，最終帶給信長致命的一擊。

1582年，滯留在京都本能寺的織田信長，因為明智光秀叛變而自殺身亡，離統一天下僅差一步之遙便離開了人世。然而，背叛信長的光秀，卻也被羽柴秀吉（之後的豐臣秀吉）擊敗，秀吉進而取得作為信長後繼者的有利地位。過去地位高於秀吉的柴田勝家對此大表不滿，於是在賤岳之戰與秀吉展開決戰，最後不幸落敗；而打敗最大敵人的秀吉，也順勢接收了織田家所有的勢力範圍。

四國、九州以及東北的戰役

當織田信長於近畿地方征討時，四國、九州、東北等地同時也正持續激烈的殺伐爭鬥。

四國地區有土佐國（今高知縣）的長宗我部元親，擊敗四國的名門一條家，一舉擴張勢力。元親而後更與織田信長締結同盟，完成四國的統一。

至於九州地區，雖有實力堅強的豐後國（今大分縣）大友家，但是臣屬大友家的肥前國（今佐賀縣）龍造寺家開始迅速崛起，兩家與薩摩國（今鹿兒島縣）的島津家三方混戰，最後由島津家取得勝利，制霸九州。

東北地區的戰役則略晚於四國與九州，一直到伊達政宗登場為止。18歲即繼任家督的政宗，積極地擴張領土，並且在消滅宿敵蘆名家之後，遂成為東北的霸主。

四國的群雄之戰

1582年 中富川之戰
○長宗我部元親 vs 十河存保×

1569年 安藝城之戰
○長宗我部元親 vs 安藝國虎×

1575年 四萬十川之戰
○長宗我部元親 vs 一條兼定×

九州的群雄之戰

1570年 今山之戰
○龍造寺隆信 vs 大友宗麟×

1584年 沖田畷之戰
○島津義久 vs 龍造寺隆信×

1578年 耳川之戰
○島津義久 vs 大友宗麟×

1572年 木崎原之戰
○島津義久 vs 伊東義祐×

豐臣秀吉
完成天下統一

秀吉擊敗柴田勝家之後，下一個勁敵就是德川家康。家康與信長的次子信雄聯手，與秀吉展開激戰，戰事最初朝著對家康有利的方向發展；但之後信雄與秀吉達成和解，讓家康失去與秀吉相爭的正當性，最終秀吉臣服，成為秀吉的部屬。

而後秀吉發兵攻打四國與九州。雖然四國為長宗我部、九州為島津家統治，但他們在秀吉大軍壓倒性的優勢下，只能選擇俯首稱臣。

最後只剩壓制關東與東北兩地，因此秀吉便著手展開小田原征伐，並同時另外派出使者，呼籲東北的大名臣服。大名們紛紛響應，並策馬趕赴小田原，而伊達政宗則是直到最後一刻才心不甘情不願地前來投降。因此於小田原城進行籠城戰的北條家，最終被迫開城出降，秀吉終於完成統一天下的目標。

東北的群雄之戰

1589年 摺上原之戰
○伊達政宗 vs 蘆名義廣×

1585年 人取橋之戰
△伊達政宗 vs 佐竹義重△

年代	事件
1566年	月山富田城之戰
1567年	伊達政宗誕生
	稻葉山城之戰
	織田信長將根據地從尾張移至美濃，更名岐阜
1568年	織田信長擁立足利義昭上洛
	足利義昭任命信長為征夷大將軍
1569年	三增峠之戰
	安藝城之戰
1570年	布部山之戰
	第一次信長包圍網
	金崎之戰
	今山之戰
	姉川之戰
	石山合戰爆發
1571年	毛利元就去世
	織田信長火燒比叡山延曆寺
1572年	木崎原之戰
	三方原之戰
1573年	一乘谷之戰
	小谷城之戰
	武田信玄於上洛途中病逝
1574年	織田信長鎮壓長島一向一揆
1575年	長篠之戰
	四萬十川之戰
	織田信長鎮壓越前一向一揆
1576年	織田信長開始興建安土城
	第一次木津川口之戰
1577年	信貴山城之戰
	手取川之戰
1578年	上月城之戰
	上杉謙信病逝
	耳川之戰
	第二次木津川口之戰
1580年	石山合戰終結
1582年	備中高松城之戰
	田野之戰
	本能寺之變
	山崎之戰
	神流川之戰
	清洲會議
	中富川之戰

關原之戰
戰國時代落幕

　　秀吉去世後，家康違背規定，擅自與其他大名締結姻親關係，恣意妄行，意欲壯大影響力。石田三成認為此舉無異於背叛豐臣家，於是決意起兵打倒家康；然而侍奉秀吉的武將們幾乎都與三成對立，大多選擇跟隨家康。

　　以三成為首的西軍，以及由家康率領的東軍，雙方最終於關原展開決戰。儘管西軍在開戰前，兵力較占優勢；但隨著東軍的策反計略開始奏效，西軍方陸續出現叛逃的武將，致使兩軍戰力呈現彼消我長的局勢。西軍遭遇突如其來的背叛而自亂陣腳，最終便由東軍取得這場戰爭的勝利。在此次戰役中，成功消滅敵對勢力的家康成為征夷大將軍，之後於江戶開創幕府，立足於日本權力的最高峰，接著又在大坂之陣中消滅豐臣家，達成天下統一的目標。

平定天下的三位英雄

織田信長

豐臣秀吉

德川家康

秀吉繼承信長的基礎而完成天下統一，而後由家康領導秀吉死後再度動亂的天下，終於開創太平盛世。

年代	事件
	天正壬生之亂
1583年	賤岳之戰
	北之莊城之戰
	豐臣秀吉開始興建大坂城
1584年	沖田畷之戰
	小牧之戰
	長久手之戰
	引田之戰
1585年	豐臣秀吉就任關白
	豐臣秀吉征服四國
	第一次上田合戰
	末森城之戰
	富山之役
	人取橋之戰
1586年	德川家康臣服豐臣秀吉
	豐臣秀吉就任太政大臣
	戶次川之戰
1587年	豐臣秀吉征服九州
	豐臣秀吉頒布伴天連追放令
1588年	豐臣秀吉頒布刀狩令
1589年	摺上原之戰
1590年	伊達政宗臣服豐臣秀吉
	小田原征伐
	豐臣秀吉完成天下統一
1591年	文祿之役
	豐臣秀吉就任太閣
1597年	慶長之役
1598年	舉辦醍醐花宴
	豐臣秀吉去世
1599年	長宗我部元親去世
1600年	伏見城之戰
	岐阜城之戰
	第二次上田合戰
	大津城之戰
	石垣原之戰
	杭瀨川之戰
	長谷堂城之戰
	關原之戰
1603年	德川家康就任征夷大將軍
	德川家康開創江戶幕府
1614年	大坂冬之陣
1615年	大坂夏之陣

天下三傑

織田信長、豐臣秀吉、德川家康。
本章將以橫瓦亂世，終結戰國局面的
三位英雄為中心並介紹其部屬們。

尾張國的小豪族崛起
並放眼天下

織田家

【家徽：織田瓜】

名為木瓜紋的家徽，帶有子孫繁榮的涵義。織田家的家徽以 5 枚花瓣為主要特徵。

織田家的勢力圖

織田信長之父織田信秀，原本為清洲織田家三家老之一，但他憑藉經濟為後盾，擁有凌駕主家的實力；到了信長這一代，更完成了尾張國的統一大業。之後，信長於桶狹間一役中擊敗了今川義元的侵略部隊，最後完成上洛，逐漸擴張領地。可是信長卻不幸在本能寺之變猝逝，此後織田家的實權便落入豐臣秀吉的手中。

1555年織田家勢力

1581 年織田家勢力

織田家參與的主要戰役　　■=攻城戰　✕=野戰

✕
1560年
桶狹間之戰

織田軍　VS　今川軍

今川義元率領 4 萬大軍攻打尾張國。織田信長以 2000 人的兵力，於桶狹間向今川軍本隊趁勢發動突襲，並且成功斬殺義元。

➡ **今川義元戰死！**

✕
1570年
姊川之戰
織田・德川軍　VS　淺井・朝倉軍

兩軍激戰，戰局陷入膠著，德川軍的榊原康政部隊攻擊淺井與朝倉聯軍的側面，成功破壞陣形；朝倉、淺井軍相繼敗逃，勝負抵定。

➡ **榊原康政大活躍！**

✕
1575年
長篠之戰

織田・德川軍　VS　武田軍

織田、德川軍為防止武田軍突擊設置防馬柵，鐵砲隊再從柵欄後方射擊，使得武田軍傷亡慘重，武田家亦於此役失去許多重臣。

➡ **導致武田家滅亡！**

開創天下統一道路的大英雄

 織田信長

| Oda Nobunaga | 生卒年 | 1534年～1582年 |

戰鬥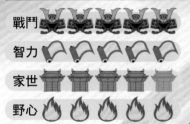

智力

家世

野心

出生地

尾張國（愛知縣）

縱橫亂世
蓋世無雙
的風雲人物

　　雖然信長在少年時期被稱為「尾張的大傻瓜」，不過他在繼任家督後態度丕變，不僅擊潰胞弟信行，令織田家內部團結一心；而後面對侵略領土的今川義元大軍時，也在桶狹間之戰中大獲全勝。信長趁著這股戰勝的氣勢，進而攻取美濃一國，並擁立足利義昭成為幕府將軍。信長利用征夷大將軍的權力，迅速擴張自己的領土。

　　儘管樹立不少敵人，例如盟友淺井長政與荒木村重相繼叛變，但是信長仍戰無不勝。可是最後信長卻突然遭到明智光秀的背叛，於本能寺自盡，致使天下統一的道路因此中斷。

 武將軼聞

充分活用
剛傳入日本的新兵器──鐵砲

　　信長很早就注意到鐵砲（火繩槍，當時日本稱為鐵砲）的重要，積極取得生產地的統治權。長篠之戰，信長組成一支鐵砲部隊，使得武田騎馬隊在槍林彈雨中鎩羽而歸。

Illustration: 藤川純一

11

忠於織田家的大老粗

柴田勝家

Shibata Katsuie	生卒年	1522年？～1583年

戰鬥

智力

家世

野心

第1章 織田家 柴田勝家

出生地

尾張國（愛知縣）

有瓶割柴田、鬼柴田之稱

織田家第一武將

勝家本是信長胞弟信行的重臣，在信行發動叛變時追隨主君與信長作戰，最終不敵而降。

而後勝家為信長效力，成為織田家首屈一指的猛將，功績獲得信長的認可，遂在1575年獲封越前國，成為北陸地區的司令官。勝家於此地抵禦上杉軍的侵犯，並趁上杉謙信病倒時加以反擊，同時也平定加賀國的一向一揆。

然而，在本能寺之變後，秀吉成功地替信長報仇雪恨，在織田家中的地位大大提升，致使勝家與秀吉對立。雖然勝家於賤岳之戰與秀吉決戰，最終仍戰敗，自盡身亡。

武將軼聞

自行切斷退路
背水一戰而取得勝利

當勝家的城池被敵軍團團包圍時，他下令士兵們喝完水之後打破水瓶，作好背水一戰的覺悟，進而奮起擊敗敵軍。從此以後，勝家就得到「瓶割柴田」的稱號。

Illustration: 樋口一尉

織田家的二號家老 智勇兼備的名將

✖ 丹羽長秀

Niwa Nagahide ｜ 生卒年 1535年～1585年

戰鬥 ⚔️⚔️⚔️⚔️⚔️

智力 🚩🚩🚩🚩🚩

家世 🏯🏯🏯

野心 🔥🔥

出生地

尾張國（愛知縣）

長秀從信長繼任家督前便跟隨在側，兩人關係十分密切。當織田家與齋藤家對戰時，長秀以武將身分嶄露頭角，並於1573年受封若狹國，是織田家首位成為一國領主之人。

本能寺之變時，長秀於堺市（攝津、河內與和泉三國境界的港口城市）斬殺了明智光秀女婿津田信澄，明確表示與光秀敵對的立場；然而兵微將寡，無法單獨行動，與秀吉會合後才得以擊敗光秀。之後在清州會議及賤岳之戰中，也跟隨在秀吉身邊，協助取得天下，最後受封若狹國、越前國、加賀國等領地，躍升為大大名。

第1章 織田家 丹羽長秀

戰鬥、交涉 內政、築城 無所不能的可靠男人

武將軼聞

「鬼」和「米」
擁有兩個外號的萬能武將

長秀在戰場上是一位英勇作戰的猛將，人稱「鬼五郎左」；此外，他在任何工作上都能扮演好自己的角色，就同如米一般不可或缺，因此也有「米五郎左」的外號。

Illustration: 中山けーしょー

建立加賀百萬石基礎的秀吉親友

前田利家

| Maeda Toshiie | 生卒年 | 1539年～1599年 |

戰鬥

智力

家世

野心

出生地

尾張國（愛知縣）

利家從14歲開始侍奉信長，其武勇受到信長的認可；因此被拔擢為信長親衛隊赤母衣眾的一員。他曾有一段時間因引發騷動，而被迫離開織田家，在回歸之後便以有力武將的身分活躍於戰場，並且與成為北陸地區司令官的柴田勝家一起對抗上杉家與加賀一向一揆。

利家從年輕時便與豐臣秀吉交情深厚，在信長去世後，秀吉與柴田勝家對立，因此讓利家陷入兩難。雖然利家一度在賤岳之戰跟隨勝家，卻並未與秀吉作戰而逕行撤軍。之後利家成為秀吉的部屬，但同時也是秀吉值得信賴的親友。

別名「槍之又左」
具天下無雙的槍術

武將軼聞

年輕時所犯下的嚴重錯誤
造就利家之後的成長

利家年輕時性情急躁，某天與信長的弟弟爭執並將其斬殺，因此被迫離開織田家，之後獲得赦免。儘管經歷一段窮困潦倒的浪人生活，但這段經驗並沒有因此而白費。

Illustration: 虹之彩乃

引發戰國史上最大事件的元凶

明智光秀

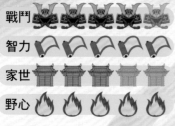

Akechi Mitsuhide | 生卒年 | 1528年？～1582年

戰鬥
智力
家世
野心

出生地

美濃國（岐阜縣）

第1章 織田家 明智光秀

顛覆天下的叛徒
敵人就在本能寺！

　光秀在侍奉信長之前仕官於朝倉家，擔任此時投靠朝倉家的足利義昭與信長之間的聯絡窗口，後來便順勢成為織田信長的旗下武將。光秀不僅善使鐵砲，同時也是精通學問、和歌、茶道的文化人，因而受到信長的重用而開始嶄露頭角。

　儘管光秀與信長之間保持十分理想的關係，然而光秀卻在1582年被任命攻打中國地方時，突然發起叛變，致使信長自殺身亡。此時無人願意站在光秀這方，他與豐臣秀吉在山崎之戰中展開激烈衝突，於戰敗逃走時遭遇百姓狩獵落難武士，最終落得自盡的下場。

武將軼聞

光秀叛變織田信長的真正原因究竟為何？

　深得信長重用的光秀為何會背叛呢？雖然人們提出光秀與信長對立、懷有奪取天下的野心、第三者的陰謀等諸多理由，卻沒有決定性的證據，因此至今仍是一個未解之謎。

Illustration: 七片藍

隨織田家沒落武運衰退的武將

瀧川一益

Takigawa Kazumasu　生卒年 1525年～1586年

戰鬥
智力
家世
野心

出生地　近江國（滋賀縣）

退也瀧川、進也瀧川
馳騁於無數戰場
身經百戰的武將

人稱「退也瀧川、進也瀧川」，為織田家少數善於作戰之人。一益在北伊勢攻略中以主力的身分活躍，因此受封北伊勢的領地；之後也像遊擊隊般，於各地戰場南征北討，甚至當織田家與武田家作戰時，被任命為織田信忠的副將。在消滅武田家後，一益獲封最前線的上野國與信濃國的一部分。

本能寺之變時，一益卻因為敗給北條家，而撤往伊勢國，而在豐臣秀吉與柴田勝家對立時，一益選擇跟隨勝家，最後不幸落敗投降。往後的戰役更是屢屢挫敗，最終只得剃髮出家，於失意中度過餘生。

武將軼聞

實際上曾經是一名忍者？
來歷不明、充滿謎團的名將

一益雖然是從自己這一代開始侍奉織田家的外樣大名，但是他年輕時的經歷卻充滿謎團。由於他出身自忍者之鄉甲賀，因此也有曾經身為忍者頭目的傳聞。

Illustration: 樋口一尉

貫徹傾奇者信念的自由人

前田慶次

Maeda Keiji | 生卒年 | 生年不詳～卒年不詳

戰鬥　🪖🪖🪖🪖🪖

智力　🎐🎐🎐🎐🎐

家世　🏯🏯🏯🏯🏯

野心　🔥🔥🔥🔥🔥

出生地

尾張國（愛知縣）

一流武士與文化人
兼具兩種樣貌
戰國中的風流之人

戰國時代中，有一群喜好華麗的服裝、舉止特異獨行的人們，時人稱之為「傾奇者」，而慶次正可說是傾奇者中的代表人物。雖然慶次是戰場上奮勇作戰的勇猛武士，但其實也是愛好連歌與茶道的風雅之人。

慶次身屬瀧川一益一族，因為母親嫁給前田利久，遂成為前田家的養子。慶次在利久死後離開前田家，並於京都與直江兼續熟識，繼而出仕上杉景勝。而後慶次在慶長出羽合戰當中，擔任上杉軍戰敗撤退時的殿軍；由於有他那如鬼神般的奮戰英姿助陣，才得以讓上杉軍安全地撤退。

武將軼聞

**不在乎他人的看法
自由奔放的人生**

率性而為的慶次，對於身為前田家當主的前田利家而言，可說是令他非常頭痛的人物。據說慶次曾經為了反抗利家，而將他騙入冷水浴內，最後還趁機逃家。

Illustration: 虹之彩乃

17

觸怒信長的織田家重臣

佐久間信盛

Sakuma Nobumori | 生卒年 | 1527年～1581年

戰鬥
智力
家世
野心

出生地

尾張國（愛知縣）

穩重謹慎的兵法家 擁有「撤退佐久間」之稱

信盛從信長的父親信秀一代便開始侍奉織田家，是經歷兩代的重臣，也是家臣團中的頭號人物。由於信盛善於指揮撤退中的部隊，故得「撤退佐久間」的稱號。

在織田家與六角、淺井、朝倉等大名對戰時，於諸多戰役中活躍的信盛被賦予攻打石山本願寺總大將的重要一職；然而在本願寺頑強的抵抗下，信盛遲遲未能立下戰功，最後在朝廷的調解下，織田家與本願寺達成和解。之後信長遂向信盛提出「十九條折檻狀」，追究過去至今的種種罪責，以致信盛最後只能黯然離開織田家。

武將軼聞

維護同伴的發言
成為信盛後來失勢的原因

與朝倉家交戰時，信長曾經叱責家臣作戰不力，此時信盛向信長勸諫，因而招致信長的反感，種下日後遭到流放的遠因。

Illustration: 佐藤仁彥

負責織田家行政工作的背叛宿老

林秀貞

Hayashi Hidesada

生卒年	生年不詳～1580年

戰鬥

智力

家世

野心

出生地

尾張國（愛知縣）

秀貞最初侍奉織田信秀，後來成為織田信長的頭號家老，然而他對年輕時被稱為「大傻瓜」的信長抱有疑慮。因此當信長繼任家督時，秀貞與柴田勝家共同擁護信長之弟信行，發動叛變。儘管兩軍戰力相較之下是信行較占優勢，然而這場戰爭卻是由信長取得勝利。敗戰的秀貞向信長請罪，之後成為信長的家臣，在勢力逐漸擴張的織田家擔任宿老（老臣、家老等地位之人的稱呼）。然而1580年，信長卻突然追究秀貞過去的謀反之罪，將他逐出織田家。秀貞深受打擊，於2個月後去世。

突遭解聘
頭號家老的悲劇

武將軼聞

因為工作效率不彰
成為組織改造的肅清對象？

　　林秀貞由於被追究20年前的叛亂之罪，而遭到信長驅逐；據說實際上是因為秀貞並未盡到身為家老的責任，因此才會遭到解聘，流放外地。

Illustration: 鯵屋槌志

19

蒲生氏鄉

Gamo Ujisato 　生卒年 1556年～1595年

戰鬥　🏯🏯🏯🏯🏯

智力　🚩🚩🚩🚩🚩

家世　🏯🏯🏯🏯🏯

野心　🔥🔥🔥🔥🔥

出生地

近江國（滋賀縣）

家臣的楷模
重要的猛將

蒲生家效力織田家時，氏鄉作為人質而留守於岐阜城，由於其才能得到信長的重視，於是信長便將女兒下嫁，氏鄉因而進身織田一門。氏鄉也不負信長的厚望，在戰場上奮勇作戰，立下軍功；同時他也在領地治理方面發揮了優秀的經營能力。除此之外，氏鄉也是千利休的高徒「利休七哲」之一，為精通茶道的文化人。

信長死後，氏鄉改仕豐臣秀吉而得到重用。在秀吉統一天下之後，氏鄉擔任牽制東北勢力、並成為會津九十二萬石的大大名。然而氏鄉卻在備受眾人期待之際，不幸英年早逝。

武將軼聞

即使面對鐵砲也無所畏懼
驍勇善戰的猛將

氏鄉認為指揮官必須站在最前線，如此家臣們才會願意跟隨。即使在某次作戰中，氏鄉的頭盔被3顆子彈擊中，他的信念也絲毫沒有動搖。

Illustration: 鯵屋槍志

織田信忠

Oda Nobutada	生卒年	1557年～1582年

戰鬥 ⚔⚔⚔⚔
智力 🚩🚩🚩🚩🚩
家世 🏯🏯🏯🏯🏯
野心 🔥🔥🔥

出生地

尾張國（愛知縣）

與偉大的父親
一同命喪京都

　信忠為信長的長男，為了累積符合繼承人身分的功績與經驗，年輕時便開始南北征討，轉戰各地。當織田家與雜賀眾作戰時，信忠擊敗雜賀孫市；並於攻打信貴山城時大敗松永久秀；而當1582年攻打武田家時，信忠更擔任總大將，消滅長久以來的宿敵武田家。此時天下已經沒有任何足以與織田家抗衡的勢力，世人皆認為織田家即將完成天下統一的目標。

　然而，在信忠與父親信長一同暫宿京都時，明智光秀卻於此時發起叛變；儘管信忠於二條城奮勇抵抗明軍，仍然因勢弱難敵，最終自盡身亡。

武將軼聞

血氣方剛的年輕武將
斷送織田政權的未來

　本能寺之變發生時，據傳信忠原本可能逃出京都，但是他卻選擇勇敢奮戰。如果信忠成功逃脫的話，說不定織田政權便不會迅速崩壞，秀吉與家康也就無法取得天下了。

Illustration:TOHRU

21

深受信長信賴的乳兄弟

池田恒興

| Ikeda Tsuneoki | 生卒年 | 1536年～1584年 |

戰鬥 ★★★★★

智力 ★★

家世 ★★★★★

野心 ★★★★★

出生地　尾張國（愛知縣）

　恒興的母親為信長的乳母，所以他自小便以小姓的身分侍奉信長。文武兼備的恒興，不久後擔任馬迴眾的職務，並且參與過桶狹間之戰、美濃攻略戰、姊川之戰等織田家的重要戰役，屢立戰功。之後恒興奉命輔佐繼承人信忠，似乎也是因為深得信長的信賴，才得以獲此一殊榮。

　當本能寺之變發生時，恒興與豐臣秀吉會師，於山崎之戰中擊敗明智光秀。之後在秀吉與家康之間爆發的小牧・長久手之戰中，恒興也加入秀吉方出戰，然而軍隊動向卻遭德川家康識破，最終不幸戰死。

忠誠侍奉信長
文武雙全的義弟

武將軼聞

引導決定天下之戰
邁向勝利的決斷

　明智光秀在打倒信長後，與秀吉於山崎地方展開交戰，兩軍在河川兩岸對峙；此時恒興隱密渡河，突襲敵軍側面，使得明智軍陷入一片混亂，助秀吉取得勝利。

Illustration:TOHRU

成功越過傳說山脈的北陸猛將

佐佐成政

| Sassa Narimasa | 生卒年 | 1536年～1588年 |

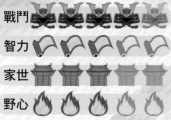

戰鬥

智力

家世

野心

出生地

尾張國（愛知縣）

一生抗拒秀吉
織田家的精英武將

　　成政原先仕於信長，成為馬迴眾的一員，而後因為立下戰功，提拔為信長側近的精銳武士黑母衣眾之一。當柴田勝家成為北陸地區的司令官時，成政也隨同前往北陸，與上杉家與一向一揆作戰；在平定越中後，他取代原本的國主神保長住，成為新的國主。

　　成政厭惡僥倖得志的秀吉，因此在信長死後，選擇跟隨柴田勝家和德川家康，與秀吉敵對。但是勝家卻被秀吉擊敗，家康也和秀吉和解，使得成政不得不向秀吉稱臣。之後成政受封為肥後國的領主，卻因小小的過失而被命令切腹謝罪。

武將軼聞

**於寒冬之際橫越雪山
對秀吉抱有不可小覷的敵對意識**

　　據說，當家康與秀吉於小牧‧長久手之戰中達成和解時，成政為了繼續與秀吉抗戰，因此冒著生命危險，橫越寒冬中的北方山脈，希望能遊說家康起兵。

Illustration: 藤川純一

23

得敵我雙方讚揚 令人敬畏的豪傑

佐久間盛政

Sakuma Morimasa　生卒年 1554年～1583年

戰鬥

智力

家世

野心

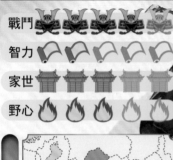

出生地

尾張國（愛知縣）

擊潰北陸一向一揆 擁有「鬼玄蕃」之稱

　　盛政是佐久間信盛的親戚，與父親一同侍奉信長，由於母親是柴田勝家的妹妹，盛政被配為勝家的部屬；當勝家擔任北陸司令官時，盛政同時也與上杉家和一向一揆奮戰。

　　在信長死後，盛政仍然跟隨勝家，並於賤岳之戰中立下斬殺秀吉一方武將中川清秀的戰功；可是盛政卻不聽從勝家制止，過於深入敵陣，致使部隊遭到秀吉的反擊而潰敗，最後於藏匿山中時被村民捕獲。雖然秀吉愛惜盛政的武勇，試圖說服盛政投入其麾下，但是盛政卻再三拒絕，最終從容赴死，遭到處刑斬首。

武將軼聞

連鬼神都畏懼三分的勇猛
反而成為致命的關鍵

　　盛政為身長六尺（約182 cm）的巨漢，於軍中作戰時如鬼神般的英姿，因而得到「鬼玄蕃」的稱號。可是他卻因勇猛而自負，最終於賤岳之戰中喪命。

Illustration: 伊吹アスカ

率領鋼鐵艦隊的海賊大名

九鬼嘉隆

Kuki Yoshitaka | 生卒年 | 1542年～1600年

戰鬥　

智力

家世

野心

出生地

志摩國（三重縣）

第1章

織田家

九鬼嘉隆

　　由於九鬼一族在志摩國內勢力爭奪中落敗，故轉而侍奉信長。嘉隆成為織田軍的水軍首領，與北畠家及一向一揆的戰鬥中活躍；後來與號稱當時最強的毛利水軍展開死鬥取得勝利。而贏得最強水軍之名的嘉隆，在信長死後也得到秀吉的重用，依然擔任水軍主力。

　　秀吉死後，九鬼家於關原之戰中分成兩派，分別為西軍的嘉隆與東軍的嘉隆之子守隆。然而這卻是令家族延續而不得為之的策略，無論哪方得勝，九鬼家都得以存續下去。最終東軍勝利，嘉隆也果斷地切腹自盡。

海上的戰鬥無人能敵！

武將軼聞

弓箭與砲彈都無法破壞
無敵鐵甲船誕生

　嘉隆與毛利水軍初次對決時落敗，他絞盡腦汁，最後製造出裝備鋼鐵裝甲的船艦鐵甲船。嘉隆利用這個新武器，與毛利軍再次交手，並取得壓倒性的勝利。

Illustration: 中山けーしょー

25

森可成

Mori Yoshinari | 生卒年 | 1523年～1570年

戰鬥 ★★★★★

智力

家世

野心

出生地

美濃國（岐阜縣）

森一族原為美濃國的居民，在齋藤道三竊取美濃國後，轉而移居至尾張國。當信長與其弟信行爭奪家督時，可成便已是信長一位忠誠的部下，深受信賴，而且當信長上洛後，甚至將近江國宇佐山城這個重要的據點交由可成守衛。

之後信長的盟友淺井長政起身反叛，聯合朝倉家攻打宇佐山城。宇佐山城遭到淺井朝倉聯軍的猛攻，可成在兵力敵眾我寡的情況下英勇奮戰，最後仍不幸戰死。然而織田家卻因為有可成牽制住敵人，而得以重整戰力，進而為織田家稍後的反擊帶來勝利。

以撕裂空氣的長槍貫穿主君的敵人！

武將軼聞

數次於危機之中解救信長
信長麾下的忠義之士

可成是一位使長槍高手，不僅在信長統一尾張國的戰爭中刺殺敵將，也在姊川之戰時阻止逼近本陣的敵人。可以說因為有可成的武勇，才能讓信長安心地作戰。

Illustration: 譽

信長最疼惜的英才

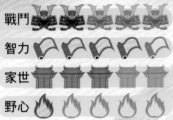

森蘭丸

| Mori Ranmaru | 生卒年 | 1565年～1582年 |

戰鬥　
智力
家世
野心

出生地

美濃國（岐阜縣）

　　蘭丸是森可成的三男，一直以來皆是以小姓的身分侍奉信長。由於父親可成在與淺井、朝倉家作戰時不幸戰死，信長施以溫情，而令蘭丸成為自己的小姓，頗為寵愛。不過，蘭丸其實是一位反應靈敏，心思極為細膩的少年，無論各項雜務或是作為使者，都能順利完成交辦的工作，因而成為信長身邊最不可或缺的重要親信。

　　蘭丸時常隨侍信長左右，不僅能夠體察主君的想法，而且盡忠職守。在本能寺之變發生時，蘭丸也跟隨在信長身邊，據說他為了爭取信長自盡的時間而奮勇作戰，最終力竭而亡。

絕代美少年
才華出眾的事務官

武將軼聞

不辱君命
完美達成任務的部屬

　　某天，信長命蘭丸關上紙門，蘭丸將原本就是緊閉的紙門拉開後再重新關上，使紙門發出聲響。為了不讓誤以為紙門是打開的信長顏面盡失，因此刻意採取這種做法。

Illustration: 裁斗涼

27

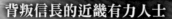

背叛信長的近畿有力人士

荒木村重

Araki Murashige

生卒年	1535年～1586年	出生地	攝津國（大阪府）

　　原本仕於池田家，卻與三好家聯手流放池田勝正。當織田家的勢力逼近畿內時，村重向信長俯首稱臣，卻突然在1578年叛變，於有岡城進行籠城戰。戰事歷經1年，最後村重獨自一人脫逃，致使被拋棄的家人全數遭到殺害。

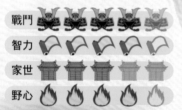

戰鬥

智力

家世

野心

Illustration:
TOHRU

第1章

織田家

荒木村重／堀秀政

受民眾愛戴的內政名人

堀秀政

Hori Hidemasa

生卒年	1553年～1590年	出生地	美濃國（岐阜縣）

　　秀政是輾轉被拔擢成為信長的小姓，16歲時曾擔任足利義昭宅邸的普請奉行，早年就充分發揮才幹。本能寺之變後，秀政跟隨豐臣秀吉，以有力武將的身分活躍。儘管卓越的內政能力廣受民眾愛戴，卻不幸於38歲時病逝。

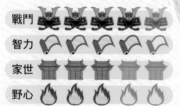

戰鬥

智力

家世

野心

Illustration: 伊吹アスカ

縱橫戰國身經百戰的武將

金森長近

Kanamori Nagachika

生卒年	1524年～1608年	出生地	美濃國（岐阜縣）

　　長近最初的名字為可近，因受織田信長的賞識，而被賜予「長」一字，於是便改名為長近。信長死後，長近跟隨柴田勝家，然而在賤岳之戰落敗後向豐臣秀吉投降，之後在戰場上活躍，得到秀吉的認可，因此成為飛驒國的領主。

戰鬥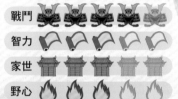

智力

家世

野心

Illustration:
伊吹アスカ

與妻子齊心協力的模範丈夫

山內一豐

Yamauchi Kazutoyo

生卒年	1546年～1605年	出生地	尾張國（愛知縣）

　　一豐年輕時，父兄戰死，致使山內一族流離失所，歷經千辛萬苦後仕於織田家。在妻子千代的建議下，一豐以嫁妝購買名馬，參與軍馬演練，進而獲得信長賞識，得以出人頭地。關原之戰時，他跟隨德川家康，受封土佐一國。

戰鬥

智力

家世

野心

Illustration: 海老原英明

茶具相關

讓武將們為之瘋狂的迷人名作

引領茶道潮流的人們

戰國時代，「茶道」與「茶湯」文化在武將之間蔚為風潮。有關日本的飲茶風氣，最早是在平安時代，人們開始培養出喝茶的習慣；而在室町時代，則流行猜測茶葉品種的「鬥茶」，使得茶具的價值日益提升，喝茶更成為上流社會間的奢侈嗜好。

然而進入戰國時代後，茶人千利休開始提倡一種名為「侘茶」的簡樸品茗方式，並且於社會大眾之間大受歡迎，進而吸引織田信長的目光。利休不僅為信長拔擢為茶的指導者「茶頭」，信長死後，豐臣秀吉也加以重用利休，並獎勵部屬鑽研茶道。儘管之後利休因與秀吉對立，而被迫切腹自殺，不過利休提倡的茶湯精神仍留於世人心中，並且流傳至今。

織田信長

作為千利休有力後盾的信長，他獎勵多為莽夫的戰國武將們熟習茶湯儀式，對於這股風潮有莫大貢獻。

價值可比擬一國城池

室町時代，由茶湯文化的發源地──中國生產的「唐物」茶具相當珍貴，必須付出天價才能換取。這樣的價值觀也延續至戰國，傳說瀧川一益消滅武田家後，希望信長能賞識名茶具，最後卻僅獲領地而失望不已。由此可見茶具名作的價值，比起一國甚至有過之而無不及。

瀧川一益

戰國的逸品與擁有者

古天明平蜘蛛

與擁有者休戚與共的茶釜

松永久秀愛不釋手的茶釜，根據其如蜘蛛蟄伏般的外形，而得「平蜘蛛」一名。雖然織田信長千方百計想要得到平蜘蛛，但久秀寧願交出所有也不願讓出。後來久秀謀反時，便將火藥裝入平蜘蛛內引爆身亡。

擁有者

松永久秀

九十九髮茄子

足利義滿曾持有的珍貴名品

室町幕府的3代將軍足利義滿所持有的茶罐，曾一度落入松永久秀手中，在久秀臣服織田家時進獻給織田信長，後來更是成為信長的最愛。雖然茶罐尚保留至今，但也有人認為信長所持有的珍品早已在本能寺之變中燒毀。

擁有者

織田信長

赤樂早船

於武將間大受歡迎的茶碗

由陶藝家長次郎所製作的茶碗，名稱源自利休當年從早晨航船運來而得到此碗，在細川藤孝與古田織部這些以茶湯名人著稱的武將之間具有超高人氣。利休死後，由蒲生氏鄉保管，雖然一度破損，但目前已完全復原。

擁有者

蒲生氏鄉

曜變天目茶碗

現存僅有4件的夢幻茶碗

漆有天目釉所燒製而成的茶碗，便稱為天目茶碗。過去在室町時代曾被評為是最優秀的茶碗，現存僅有4件。除了德川家所藏珍品之外，還有前田家與龍光院流傳下來的茶碗，這些皆被指定為國寶與重要文化遺產。

擁有者

德川家康

新田肩衝

知名的天下三肩衝之一

據說為鎌倉時代的武將新田義貞所持有的茶罐，也是被譽為天下三肩衝的名品。戰國時代歷經三好家，之後落入織田信長的手中；在本能寺之變後，的持有者變為大友宗麟，而後轉贈豐臣秀吉，最後為德川家康所擁有。

擁有者

大友宗麟

阿彌陀堂釜

受天下人委託而製作的茶釜

千利休奉豐臣秀吉之命，委託陶藝家天下一與次郎製作茶釜，成品便是阿彌陀堂釜；從有如豬首般的外觀，又有豬首釜的別名。目前阿彌陀堂釜收藏在神戶市的善福寺內，另外也有多個相同形狀的茶釜。

擁有者

豐臣秀吉

豐臣家

豐臣家的勢力圖

足輕家庭出身的藤吉郎（即後來的豐臣秀吉），在侍奉織田信長後飛黃騰達，進而成為長濱城主。當信長於本能寺之變逝世後，秀吉在織田家繼承人的爭奪戰中脫穎而出，進一步接收舊織田家的勢力；接著相繼征服四國、九州，並擊敗關東的北條家勢力，完成天下統一。然而在秀吉死後，豐臣一族卻遭到德川家消滅。

1583年豐臣家勢力

1598年豐臣家勢力

豐臣家參與的主要戰役

🏯=攻城戰　⚔=野戰

⚔ 1582年
山崎之戰

豐臣軍　VS　明智軍

與毛利家交戰時，秀吉獲悉本能寺之變，隨即回師京都與明智光秀交戰，並在池田恒興部隊渡河擊潰敵軍後，取得壓倒性勝利。

➡ **秀吉為信長報仇！**

⚔ 1583年
賤岳之戰

豐臣軍　VS　柴田軍

初期柴田軍佐久間盛政的活躍令豐臣軍居劣勢。秀吉到達戰場後便開始反擊，加上前田利家不戰而退，最終一鼓作氣逆轉戰局。

➡ **秀吉援軍大逆轉！**

🏯 1590年
小田原征伐

豐臣軍　VS　北條軍

秀吉從全日本聚集超過20萬人的大軍，層層包圍住小田原城。由於周邊城池一一淪陷，令北條家無計可施，不久後即開城投降。

➡ **豐臣家一統天下！**

【家徽：太閤桐】

秀吉制霸天下，獲天皇賜姓豐臣，並賜予桐紋作為家徽，另外也有細節殊異的設計。

繼承信長遺志而一統天下的英雄

豐臣秀吉

Toyotomi Hideyoshi	生卒年	1536年～1598年

戰鬥　🎴🎴🎴🎴🎴

智力　🚩🚩🚩🚩🚩

家世　🏯🏯🏯🏯🏯

野心　🔥🔥🔥🔥🔥

出生地

尾張國（愛知縣）

從足輕躍升天下人
日本第一飛黃騰達之人

秀吉雖身為足輕之子，不過在侍奉織田信長之後獲得出人頭地的機會，並且因成功興建墨俣城而得到信長的賞識。儘管織田家中也有排斥秀吉的家臣，但秀吉總是默默完成他人不願做的苦差事，比如於金崎之戰自告奮勇擔任殿後軍，保護信長安然撤退，使得秀吉很快便躍升為一國一城之主。

當信長死於本能寺之變時，秀吉也是第一個回京打倒明智光秀之人；之後又擊敗對立的柴田勝家，並且令德川家康屈服；接著征服四國與九州，最後制伏關東的北條家，終於完成一統天下的目標。

武將軼聞

狡詐的秀吉善於操控人心
因而又被稱為「騙徒」

秀吉在成為大名時，特別將名字改為羽柴秀吉，新的姓氏便是從柴田勝家和丹羽長秀的名字中各取一字而來；這是為了不想孤立於織田家之外，刻意親近重要家臣的做法。

Illustration: 藤川純一

天下人最為信賴的手足

豐臣秀長

Toyotomi Hidenaga | 生卒年 | 1540年～1591年

戰鬥
智力
家世
野心

出生地

尾張國（愛知縣）

秀長原本只是在故鄉從事農作的農夫，後來因兄長秀吉的懇求而成為一名武士。秀長憑藉敦厚的性格成為長濱城的城代（於戰時留守城池或平時管理），同時負責整合家臣們的意見，從旁輔佐秀吉。秀長不單於幕後協助，在秀吉攻打四國與九州時，也曾以指揮官的身分活躍於戰場，證明他也具備卓越的武將才能。

然而在秀吉即將一統天下之際，秀長的病情卻開始惡化，因此未能參與小田原征伐，接著於隔年病逝。失去秀長這個可靠的策士，對於秀吉而言，可說是一次相當沉重的打擊。

兄弟二人
齊心協力掌握天下

武將軼聞

秀長的早逝
導致豐臣政權的壽命縮短

秀長去世之後，由於無人能夠從旁勸諫，秀吉開始做出一些破壞豐臣政權的行徑，例如命後繼者豐臣秀次切腹等。假若秀長長壽的話，說不定歷史便會因此而改變。

Illustration: 米谷尚展

34

協助秀吉出人頭地的武將

卍 蜂須賀正勝

Hachisuka Masakatsu | 生卒年 | 1526年～1586年

戰鬥

智力

家世

野心

出生地

尾張國（愛知縣）

第1章 豐臣家 蜂須賀正勝

謀略與交涉擔當 秀吉的心腹

　　蜂須賀正勝，一般又通稱為蜂須賀小六。正勝最初侍奉齋藤道三，而後經歷織田信賢、信清，輾轉成為信長的部屬，並且在豐臣秀吉領命興建墨俁城時加以協助，後來也與秀吉並肩作戰。本能寺之變後，正勝改仕秀吉，在秀吉成功壓制四國後，獲封阿波一國。不過正勝希望能隨侍在秀吉左右，因此便將家督之位讓與兒子家政，讓家政負責經營領地。

　　正勝擅長策反敵將與交涉等事，據說本能寺之變時與毛利家議和，以及攻打四國時與長宗我部家交涉，皆是正勝居中斡旋，才得以順利進行。

武將軼聞 令一夜城成功興建的小六伙伴們

　　傳聞正勝在年輕時，曾經率領一個名為川並眾的集團。在秀吉興建墨俁城時，據說也是他們協助搬運物資材料，才得以讓墨俁城在一夜之間迅速建成。

Illustration: 佐藤仁彥

有今孔明之稱的秀吉智囊

竹中半兵衛

Takenaka Hanbei | 生卒年 | 1544年～1579年

戰鬥　智力　家世　野心

出生地　美濃國（岐阜縣）

擅長攻城戰
年輕天才軍師

半兵衛本名重治，通稱半兵衛，原本仕於齋藤家，後來與當主齋藤龍興對立，因而從齋藤家出走。當齋藤家滅亡時，豐臣秀吉受信長之命邀請半兵衛改侍織田家，於是便成為秀吉的軍師。在半兵衛如鬼神般的策略之下，像是與淺井家作戰時策反兩座城等軍功，皆為秀吉的成功作出貢獻。

可是半兵衛卻在討伐播磨國的三木城時因病倒下；雖然秀吉擔心病情，勸他回京靜心療養，但半兵衛卻希望能以武士之姿死於戰場，並獻上斷糧之計。此計也成為半兵衛最後的計策，不久後便離開人世。

武將軼聞

展現半兵衛才能的逸事
奪取稻葉山城事件

在半兵衛仕於齋藤家時，他為了要勸諫主君龍興，因此占領了齋藤家的居城稻葉山城。據說當時半兵衛的手下只有16人，而且只花了1天時間便取得此城。

Illustration: 虹之彩乃

與竹中半兵衛並稱兩兵衛的名參謀

黑田官兵衛

Kuroda Kanbei | 生卒年 | 1546年～1604年

戰鬥
智力
家世
野心

出生地

播磨國（兵庫縣）

官兵衛原本仕於小寺家，後來說服主君小寺政職向信長稱臣，往後便作為信長的家臣，並於豐臣秀吉的麾下活躍。而後當本能寺之變發生時，便是官兵衛向秀吉建議率師回京，討伐明智光秀，使得秀吉成功為信長報仇雪恨，進而在取得天下的道路上搶得先機。

秀吉死後，在關原之戰一觸即發之際，官兵衛趁勢攻打九州各地，以圖擴張勢力。此時官兵衛原先欲取得中國地區，卻因為關原之戰僅在一天之內便分出勝負，天下大勢已定，官兵衛只得打消念頭而撤軍，最後於隱居生活中度過餘生。

驅使各種策略
將秀吉拱上
天下人之位

武將軼聞

名聞天下的軍師
竟也有料想不到的大挫敗

官兵衛侍奉信長不久，隻身前往有岡城，遊說叛變的荒木村重，卻因遊說失敗而被關入大牢。急於求成反而遭遇慘痛的教訓，成為官兵衛年輕時最不堪回首的失敗經驗。

Illustration: 藤川純一

秀吉自小栽培為豐臣家竭盡忠誠的忠臣

石田三成

| Ishida Mitsunari | 生卒年 | 1560年～1600年 |

戰鬥

智力

家世

野心

出生地 近江國（滋賀縣）

五奉行之一
守護豐臣家
而英勇奮戰

三成原以小姓的身分侍奉豐臣秀吉，之後擔任奉行一職。秀吉對三成的能力有很高的評價，而後任命為五奉行之一。然而身為文官派的三成，卻招致加藤清正及福島正則等武鬥派武將仇視，雙方之間的對立日益加深；在秀吉過世之後，兩派關係益發惡劣，甚至演變成武鬥派襲擊三成的事件，致使三成因此辭去奉行一職。

由於德川家康的影響力在秀吉死後漸趨壯大，三成對家康加以譴責，最終舉兵征討，並於關原展開決戰。然而卻因小早川秀秋等人叛變而落敗，於被捕之後遭到處刑。

武將軼聞

從小即展現出過人的才智
廣為後世流傳的「三獻茶」佳話

某天秀吉於狩獵途中前來寺廟小憩，向當時還是寺廟小沙彌的少年三成要茶止渴。三成先是拿出溫茶，接著端出稍熱的茶，最後獻上熱騰騰的熱茶，讓秀吉為之折服。

Illustration: 虹之彩乃

明知不可為卻仍為友情殉死的武將

大谷吉繼

Otani Yoshitsugu　**生卒年** 1559年～1600年

戰鬥　✖✖✖✖✖

智力　🚩🚩🚩🚩🚩

家世　🏯🏯🏯🏯🏯

野心　🔥🔥🔥🔥🔥

出生地

近江國（滋賀縣）

第1章　豐臣家　大谷吉繼

以性命回報 好友的深厚情誼

吉繼是以豐臣秀吉的小姓身分晉升的武將，主要擔任奉行一職。即便作為一位指揮官，吉繼也能發揮其優秀才能，比如在賤岳之戰中，吉繼成功策反柴田勝豐成為內應；而在戰場上，也獲得不亞於「賤岳七本槍」的評價。

吉繼同時也是石田三成的好友，在三成舉兵征討家康時，儘管深知勝算微乎其微，卻仍然選擇跟隨三成；並且對可能叛變的小早川秀秋加以警戒，而後與小早川軍作戰。雖然吉繼在己軍人數不利之下奮戰，幾乎將敵軍逼退，但最終仍力竭不敵，切腹自盡身亡。

武將軼聞

以真摯情誼相交 吉繼與三成的友誼佳話

吉繼因罹患怪病，有著十分醜陋的面貌，可是三成仍將他視為好友。在某次茶會中，吉繼臉上的膿水滴進茶碗內，但是三成仍不以為意地一飲而盡，令吉繼相當感動。

Illustration: 丞惡朗

秀吉從小培養一躍成為剛勇無雙的名將

◎加藤清正

Kato Kiyomasa | 生卒年 1562年～1611年

戰鬥 ⚔⚔⚔⚔⚔

智力 👑👑👑👑👑

家世 🏯🏯🏯🏯🏯

野心 🔥🔥🔥🔥🔥

出生地

尾張國（愛知縣）

清正是豐臣秀吉的遠親，父親在他年幼時便離開人世，而後作為秀吉的小姓隨侍在側。

清正擁有超群武藝，在冠山城之戰中一馬當先殺入敵陣，擊殺敵軍勇士；賤岳之戰時，也斬殺敵將山路正國，被人盛讚為「賤岳七本槍」之一。之後清正成為肥後國的領主，在經營領地上，也充分發揮卓越的內政手腕。

在秀吉死後，由於清正與石田三成對立，因此跟隨德川家康一方；不過從他戰後安排家康與豐臣秀賴會面等事跡上，不難看出清正自始至終都為豐臣家盡心盡力。

無論敵將或老虎都能以手中片鎌槍加以制伏

武將軼聞

名聲傳遍整個大陸
猛將殺虎的傳說

清正於出征朝鮮時，被拔擢為先鋒，於戰場上十分活躍，不但攻下首都，而且還俘虜二位王子，其威名甚至傳遍整個大陸，也因此誕生了清正殺虎的傳說。

Illustration: 佐藤仁彥

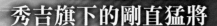

秀吉旗下的剛直猛將

福島正則

| Fukushima Masanori | 生卒年 | 1561年～1624年 |

戰鬥

智力

家世

野心

出生地

尾張國（愛知縣）

第1章

豐臣家

福島正則

正則乃是豐臣秀吉的叔母之子，與加藤清正同為秀吉手下數一數二的猛將。從正則17歲初次上陣開始，便在各地的戰場中活躍；並於賤岳之戰中斬殺拜鄉家嘉而立下大功，被人盛讚為「賤岳七本槍」之首。

雖然正則與石田三成同為小姓出身，兩人卻彼此對立。秀吉過世後，正則更聯合其他排斥三成的武將策劃襲擊三成；而在關原之戰時，正則也與三成為敵，擔任東軍的前鋒。儘管正則後來成為廣島四十九萬石的大大名，卻因無視幕府規定，擅自修築城池而遭到改易（移封領地），最後剃度出家。

酒品雖差
戰場上的表現
卻不輸任何人

武將軼聞

酒醉時的一番話
將天下名槍奉送他人

據說正則在酒酣耳熱時，向母里太兵衛說道：「如果你將這杯酒乾了，我就讓你拿走喜歡的獎勵。」在對方一飲而盡後，名槍日本號便被當成獎勵而雙手奉上。

Illustration: 米谷尚展

41

加藤 嘉明

| Kato Yoshiaki | 生卒年 | 1563年～1631年 |

戰鬥

智力

家世

野心

出生地 三河國（愛知縣）

擅於海戰

「七本槍」一員

父親加藤教明為德川家康的家臣，由於在三河一向一揆事件中參加一揆軍，導致一家人遭流放，而後投靠豐臣秀吉。起初嘉明擔任秀吉養子秀勝的小姓，卻因急於立功，在沒有獲得秀勝的同意下擅自出兵，差點遭到罷黜；幸而秀吉十分欣賞嘉明的勇氣，因此將他納入自己的麾下。

嘉明正式上陣後，便以秀吉麾下有力武將之名一舉成名，賤岳之戰中更因勇猛表現，被譽為「賤岳七本槍」之一。秀吉死後，嘉明改仕家康，成為伊予國的領主，後來更轉封成為會津四十三萬石的大名。

武將軼聞

重視部下更甚於名器
以寬廣的胸襟牢牢捕獲部下的心

嘉明的家臣曾不小心打破一組珍貴盤子中的一枚，嘉明說道：「如果還有剩下的盤子，其他人一定會追問是誰打破的。」於是便將剩下的9枚盤子打破，不追究責任。

Illustration: 米谷尚展

脅坂安治

| Wakisaka Yasuharu | 生卒年 | 1554年～1626年 |

戰鬥

智力

家世

野心

出生地

近江國（滋賀縣）

安治原是淺井長政的家臣，後因主家滅亡而改仕織田家；不久又實現期望，獲准成為豐臣秀吉的屬下。安治的武藝甚至獲得有赤鬼之稱的敵方猛將──赤井直正稱讚；在賤岳之戰中，他也是少數立下戰功的「七本槍」一員。安治善於領導水軍，也參與過小田原征伐及朝鮮出兵等重要戰役。

秀吉死後，安治開始親近德川家康。在關原之戰中，雖然安治身處由三成率領的西軍陣中，但臨陣反叛，助東軍取得大勝。但是後來因顧忌過去的主君豐臣家，安治並未參與大坂之陣。

決定天下的一戰中做出正確的選擇

武將軼聞

幸虧事前約定作為內應得以成功保全領地

關原之戰時，與安治一起倒戈投向東軍的武將們，戰後皆被當成叛徒，面臨減封或是沒收領地的命運。不過戰前就約定好作為內應的安治卻沒有受到責罰，保留了領地。

Illustration: 佐藤仁彥

藤堂高虎

Todo Takatora | 生卒年 1556年～1630年

戰鬥　⚔⚔⚔⚔⚔
智力　🚩🚩🚩🚩🚩
家世　🏯🏯🏯🏯🏯
野心　🔥🔥🔥🔥🔥

出生地

近江國（滋賀縣）

不值得侍奉的主君
便主動求去

　　高虎先後侍奉淺井家等4位主君，直到成為豐臣秀長的家臣才穩定下來。秀長去世後，高虎為了報答恩情，改仕其養子秀保；然而秀保英年早逝，高虎灰心喪志之下決定出家。秀吉在得知此事後，珍惜高虎的能力而不忍就此埋沒，於是讓他以大名身分回歸；在秀吉死後，高虎改仕德川家康。

　　高虎也是一位築城名人，除了他的領國宇和島城之外，也負責江戶城及駿府城的興建。不只是德川家康，高虎也受到二代將軍秀忠與三代將軍家光的信賴，雖為外樣大名，卻得到如同譜代家臣般的待遇。

武將軼聞

士為知己者死的典範
選擇有眼光的主君盡忠竭力

　　雖然高虎在一生中換了數位主君，但是他對看中自己能力的豐臣秀長竭盡忠誠，直到秀長去世為止。家康瞭解整個事情的始末之後，而對高虎加以重用。

Illustration: 佐藤仁彥

明智決斷 令細川家繁榮昌盛的名家督

細川忠興

Hosokawa Tadaoki	生卒年 1563年～1646年

戰鬥　

智力

家世

野心

出生地

山城國（京都府）

平時為一流文化人
沙場上化身作戰高手

忠興是細川藤孝的長男，侍奉織田信忠，主要參與畿內地區的戰役；並於元服時拜領信忠一字，改名忠興。忠興善於作戰，為了勝利不惜採嚴苛手段，甚至從後方暗算敵人。

忠興之妻為明智光秀之女玉子（伽羅奢），丈人光秀在本能寺之變發生時曾求援，忠興卻選擇拒絕並保持中立。之後忠興改仕豐臣秀吉，於關原之戰時與石田三成對立，而選擇加入德川家康一方的東軍。但這個決定卻造成留在城內的妻子遭到西軍襲擊，自殺身亡。然而這個悲劇並未改變忠興對德川家的忠誠之心。

武將軼聞

對文化頗有研究 富有智慧的猛將

忠興是一位在戰場上無所畏懼的猛將，同時也是當代一流的文化人，精通和歌以及繪畫，尤其師從千利休，亦精於茶道，更被譽為「利休七哲」之一。

Illustration: 米谷尚展

雄才大略與武藝均不輸其父的名將

黑田長政

| Kuroda Nagamasa | 生卒年 | 1568年～1623年 |

戰鬥 🛡🛡🛡🛡🛡
智力 🚩🚩🚩🚩🚩
家世 🏯🏯🏯🏯🏯
野心 🔥🔥🔥🔥🔥

出生地

播磨國（兵庫縣）

發揮謀略與軍事手腕
立下關原第一戰功

長政是黑田官兵衛的長子，年幼時曾作為織田家的人質，送往織田家臣羽柴秀吉處。當荒木村重背叛信長時，官兵衛前往遊說村重，卻失敗被捕。信長懷疑官兵衛背叛投敵，於是下令將長政殺害，在竹中半兵衛安排下，幸運撿回一命。

長政成年後侍奉豐臣秀吉，參與過不少戰役，並且於出兵朝鮮時以先鋒的身分活躍；其後由於與石田三成對立，在秀吉去世後親近德川家康。關原之戰中，長政負責策反西軍將領，也在戰場上擊殺島左近，最終以東軍第一的功績，受封筑前五十二萬石領地。

武將軼聞

身為關原之戰第一功勞者
卻不改耿直剛正的性格

關原之戰後，眾人皆對淪為階下囚的石田三成再三侮辱；然而長政卻起身下馬，脫下自己的羽織披在三成身上，充分表現出他是一位不辱敗者、剛正不阿的武將。

Illustration: 三好載克

後藤又兵衛

Goto Matabei | 生卒年 | 1560年～1615年

戰鬥 ★★★★★
智力
家世
野心

出生地

播磨國（兵庫縣）

又兵衛的父親在他幼年時早逝，因此托付給黑田官兵衛，後來成為黑田家的武將。又兵衛在戰場上毫無畏懼，身先士卒，並於關原之戰中單挑石田三成麾下的勇士得勝，被拔擢為大隈城的城主。但又兵衛和官兵衛的繼承人黑田長政關係不佳，於是選擇從黑田家出走；但因長政百般阻撓仕途，致使又兵衛無法於其他大名麾下任職，只得過著浪人生活。

其後由於豐臣秀賴與德川家康的對立加深，又兵衛決定出仕豐臣家，擁有豐富實戰經驗的他成為武將們信賴的對象，最終戰死於大坂夏之陣中。

選擇大坂城
作為人生終點
身經百戰的勇士

武將軼聞

對主君的斯巴達教育
成為又兵衛最後離開的原因？

黑田長政在出兵朝鮮時與敵將單挑，又兵衛不僅袖手旁觀，甚至說道：「被敵軍殺死的武將不配當我的主公。」因而導致兩人之間漸生嫌隙。

Illustration: 三好載克

以無敵槍術縱橫戰場的武將

可兒才藏

Kani Saizo　　生卒年 1554年～1613年

戰鬥　◆◆◆◆◇

智力　▚▚◇◇◇

家世　🏯🏯🏯🏯🏯

野心　🔥🔥🔥🔥🔥

出生地　美濃國─（岐阜縣）

見識寶藏院流槍術
笹之才藏見參！

才藏身懷寶藏院流槍術，為戰國時代中屈指可數的長槍達人。才藏在侍奉齋藤家與織田家之後，成為豐臣秀吉的外甥豐臣秀次的家臣。當秀次的軍隊於小牧・長久手之戰大敗，才藏因為沒有將馬讓與失去馬匹的秀次乘坐，招致秀次的不悅而遭到解僱，最後才藏成為福島正則的屬下，於小田原征伐及關原之戰中活躍。

　　從與秀次的相處來看，才藏似乎予人冷酷的印象，但其實他對屬下十分照顧，甚至將自己的俸祿分送部屬，在百姓間也深受好評，據說經過才藏墓前的人們都會特地致上敬意。

武將軼聞

由於武藝過人
而獲得「笹之才藏」的外號

　　才藏於合戰中取得不少敵人的首級，數量之多實在難以搬運，於是便將笹葉塞入首級的切口內，以作為自己斬殺的證明，故被世人稱為「笹之才藏」。

Illustration: 中山けーしょー

48

活躍於舞臺之下的秀吉姻親

淺野長政

Asano Nagamasa

| 生卒年 | 1547 年～1611 年 | 出生地 | 尾張國（愛知縣） |

　　淺野家為豐臣秀吉之妻寧寧的娘家，長政則是淺野家的養子，與秀吉是親戚關係。長政為人敦厚，經常協助秀吉管理家臣，或是協調秀吉與武將。長政雖身為五奉行之首，卻與石田三成對立，於秀吉去世後跟隨德川家康。

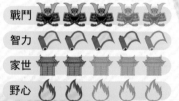

Illustration:
米谷尚展

劇烈動盪的武將人生

仙石秀久

Sengoku Hidehisa

| 生卒年 | 1522 年～1614 年 | 出生地 | 美濃國（岐阜縣） |

　　秀久是豐臣秀吉自小栽培的武將，於秀吉征伐九州時擔任軍監，卻因為不守命令，擅自發動攻擊，導致大敗而歸，因此秀吉在盛怒之下流放秀久；後來在德川家康的調解下，獲准參與小田原征伐，並於立下戰功後恢復大名的身分。

Illustration: 米谷尚展

小西行長

Konishi Yukinaga

| 生卒年 | 生年不詳～1600年 | 出生地 | 和泉國（大阪府） |

第
1
章

豐
臣
家

小
西
行
長
／
高
山
右
近

　　行長為堺市商賈之家出身，之後成為一名武將，也是虔誠的吉利支丹（天主教徒）。起初侍奉宇喜多家，後來成為秀吉的家臣。秀吉死後，行長跟隨石田三成，於關原戰敗後以基督教義不允許自裁而拒絕切腹，被捕遭到處刑。

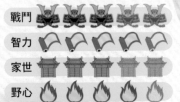

戰鬥

智力

家世

野心

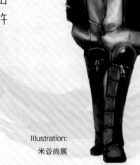

Illustration:
米谷尚展

高山右近

Takayama Ukon

| 生卒年 | 1552年～1615年 | 出生地 | 攝津國（大阪府） |

　　右近是侍奉豐臣秀吉的武將，也是一位虔誠的吉利支丹。然而在豐臣秀吉頒布驅逐外國傳教士的法令（伴天連追放令）之後，讓右近陷入兩難；後來更在江戶幕府發布禁教令時，失去在日本的立足點，最後於菲律賓度過餘生。

戰鬥

智力

家世

野心

Illustration: 米谷尚展

決定天下之戰的關鍵人物

小早川秀秋

Kobayakawa Hideaki

生卒年	1582年～1602年	出生地	播磨國（兵庫縣）

　　秀秋是豐臣秀吉之妻寧寧的兄長木下家定之子。雖然為秀吉的養子，但在秀賴出生之後，便過繼到小早川家。秀吉去世後，秀秋親近德川家康，在關原之戰時以西軍的身分參與作戰，但卻在中途反叛，進而奠定東軍勝利的基礎。

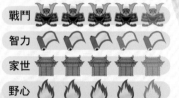

Illustration:
中山けーしょー

出生過晚的悲劇繼承人

豐臣秀賴

Toyotomi Hideyori

生卒年	1593年～1615年	出生地	攝津國（大阪府）

　　秀賴是豐臣秀吉晚年好不容易盼到的兒子，5歲時即繼承豐臣家，致使德川家康得以趁勢增強實力。秀賴不久後與家康對立，於大坂之陣展開決戰，卻不敵當時聲勢如日中天的家康，最後於大坂城自殺身亡。

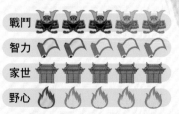

Illustration: 譽

第1章

豐臣家

小早川秀秋／豐臣秀賴

51

朝廷 相關

以天皇為中心的權威象徵

朝廷在戰國時代所扮演的角色

朝廷是指天皇以降的政治組織，其歷史淵源可以追溯到《古事記》以及《日本書紀》。平安時代以前，朝廷仍是日本的政治中心；可是到了平安時代末期，平氏和源氏這些武士勢力開始抬頭，致使朝廷逐漸失去實質權力。在鎌倉時代到南北朝時代這段期間，朝廷曾經一度想要奪回實權，但卻始終以失敗告終，此後朝廷勢力衰微的情況也一直延續到戰國時代。不過，縱使政治上的權力不再，朝廷卻仍然受到人們的尊敬，因此各個時代有實力的人皆會利用朝廷所賦予的頭銜，來象徵自己的權威。這些人會向朝廷捐獻或者提供勞力，而從朝廷手上獲得所謂的「御墨付」，也就是官位以作為回報。

受到信長與秀吉利用的正親町天皇。

在朝廷服務的成員「公家」

公家是仕官於朝廷的貴族們的通稱，當戰國武將想要與朝廷交涉時，必須透過公家成員居中協調。在戰國時代，公家的收入來源莊園（私人領土）大部分遭到當地武士掠奪，經濟上相當困苦；不過也有像四國一條家這般在當地保有勢力、如同戰國大名的公家。

一條兼定

戰國時代的官位

官位是代表職務名稱的「官職」、以及代表階級的「位階」所組合而成的名詞。如右方的表格所示，位階共分有30個階級，其中正的階級高於從，而四位以下的正與從又可以再分為上與下兩種階級。官職也有各種不同的稱謂，不過戰國武將幾乎都將心力放在領地經營與戰爭上，不會實際從事職稱上的工作內容。可以說，官位只是一種用來表示自己權威的階級罷了。

【律令制的位階一覽】

官位	官位	官位
正一位	正五位上	從七位上
從一位	正五位下	從七位下
正二位	從五位上	正八位上
從二位	從五位下	正八位下
正三位	正六位上	從八位上
從三位	正六位下	從八位下
正四位上	從六位上	大初位上
正四位下	從六位下	大初位下
從四位上	正七位上	少初位上
從四位下	正七位下	少初位下

【著名的戰國武將官職】

武將	主要就任官職	位階
織田信長	右大臣、右近衛大將	從二位
豐臣秀吉	關白、太政大臣	從一位
德川家康	征夷大將軍、太政大臣	從一位
伊達政宗	權中納言、陸奧守	從三位
最上義光	右京大夫、左近衛少將	從四位上
北條氏康	左京大夫、相模守	正五位上
佐竹義宣	右京大夫、左近衛少將	從四位上
結城晴朝	左衛門督、中務大輔	從五位下
武田信玄	大膳大夫、信濃守	從四位下
真田昌幸	安房守	從五位下
上杉謙信	彈正少弼	從五位下
今川義元	治部大輔	正五位下
齋藤義龍	治部大輔、左京大夫、美濃守	正五位下

武將	主要就任官職	位階
淺井長政	備前守（自稱）	一
朝倉義景	左衛門督	從四位下
足利義輝	征夷大將軍、左近衛中將	從三位
三好長慶	修理大夫、伊賀守、筑前守	從四位下
毛利元就	右馬頭、治部少輔、陸奧守	從四位上
尼子經久	民部少輔、伊予守	從五位下
宇喜多秀家	侍從、參議、權中納言	從三位
大內義隆	兵部卿、侍從、大宰大貳	從二位
長宗我部元親	土佐守、宮內少輔（自稱）	從五位下
一條兼定	左近衛中將、權中納言	從三位
島津義久	修理大夫	從四位下
大友宗麟	左衛門督	正四位下
龍造寺隆信	山城守	從五位下

不經朝廷許可而擅自改名的情形

上方表格彙整出著名戰國武將的官位，這裡要注意淺井長政的官位為「自稱」這一點。事實上，在戰國時代中，也有不少人沒有經過朝廷任命而擅自更改官職，常見自稱有「○○守」或「○○介」。「守」代表地方行政長官國司，「介」則是國司的副官。當時有不少在當地擴大勢力範圍，而擅自改名為國司的例子，因此也會發生同一時代的相同地區卻有多位負責人這類荒謬的情形。

德川家

【家徽：三葉葵】

繪有三片葵葉的家徽，原先是京都賀茂神社的神紋，同時也為本多家與酒井家所採用。

德川家的勢力圖

　　家康出生時，德川家原附屬今川家。今川義元死於桶狹間之戰後，德川家康宣告獨立，並且與織田家締結同盟，往東擴展領土。信長死後，家康與豐臣秀吉爭奪織田家後繼者的權力，最後俯首稱臣；當秀吉消滅北條家後，德川家的領國移往關東。秀吉死後，德川方與石田方爆發關原之戰，最終取得勝利，開創江戶幕府。

1561年德川家勢力

1585年德川家勢力

德川家參與的主要戰役

🏯=攻城戰　⚔=野戰

⚔ 1584年

小牧・長久手之戰

 VS

德川軍　　　　豐臣軍

反對秀吉的織田信雄與家康聯手，於小牧山及長久手周邊爆發數次戰役。雖然德川軍占優勢，但在信雄與秀吉和解後宣告結束。

➡ 德川家未獲得任何好處

⚔ 1600年

關原之戰

德川軍　　　　石田軍

秀吉死後，與家康對立的石田三成起兵，雙方於關原決戰。由於石田方的小早川秀秋等武將背叛，德川軍取得壓倒性勝利。

➡ 小早川秀秋背叛而定勝負！

🏯 1614年～1615年

大坂之陣

 VS

德川軍　　　　豐臣軍

豐臣秀賴於大坂城號召浪人，與德川軍一決勝負。儘管豐臣方的真田幸村與後藤又兵衛英勇奮戰，最後仍因寡不敵眾而慘敗。

➡ 豐臣家滅亡！

開創太平盛世的戰國最終勝者

德川家康

Tokugawa Ieyasu ｜ 生卒年 ｜ 1543年～1616年

戰鬥
智力
家世
野心

出生地

三河國（愛知縣）

　　家康以人質身分在今川家度過年少時期，在義元死於桶狹間之戰後，他回到三河國宣告獨立，並和織田家締結同盟，成為織田信長的盟友。

　　本能寺之變發生後，家康將領土擴展至信濃國，並與織田信雄聯手對抗豐臣秀吉。後來卻因為信雄與秀吉達成和解，家康只得向秀吉俯首稱臣。在秀吉死後，家康的勢力更加擴大，並於關原之戰中擊敗反對他的石田三成等人，成為日本名副其實最有權勢之人，同時開創江戶幕府，登上征夷大將軍之位；接著於大坂之陣消滅豐臣家，完成天下統一。

勁敵相繼凋零
獲得最後的勝利

武將軼聞

將家族存續擺在第一位
隱忍悲痛的插曲

　　由於織田信長懷疑家康的長男信康與武田家暗中往來，因此命他切腹謝罪；當時德川家並沒有與織田家抗衡的實力，家康為了保全家族，只能眼睜睜地看著兒子切腹自殺。

Illustration: 藤川純一

酒井忠次

Sakai Tadatsugu　生卒年　1527年～1596年

戰鬥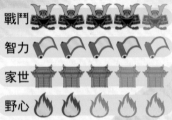
智力
家世
野心

出生地　三河國（愛知縣）

輔佐年輕的少主
協助取得天下的功臣

忠次是從德川家康的父親這一代開始，即侍奉德川家，可說是德川家的宿老（老臣、家老等地位之人的稱呼）。在家康於桶狹間之戰宣告獨立之後，忠次便活躍於三河一向一揆、姊川之戰等戰役當中；另外在長篠之戰中向信長獻策，從武田軍後方發動奇襲，這個成功的作戰計畫使忠次一戰成名。

雖然忠次對家康盡忠竭誠，但在家康的長男信康被信長懷疑與武田家暗通時，作為使者的忠次卻沒有做任何辯解，間接導致信康切腹自殺。不過此事件後，忠次仍以重臣身分為家康效力，直到他隱居為止。

武將軼聞

決戰前夕　機智化解同伴的緊張

據說在長篠之戰前，忠次於諸將面前表演一種名為海老掬的舞蹈，舒緩眾人的緊張情緒。儘管忠次經常予人剛強的猛將印象，但同時他也是一位關懷同伴的名將。

Illustration: よじろー

本多忠勝

Honda Tadakatsu　生卒年 1548年〜1610年

戰鬥	⚔⚔⚔⚔⚔
智力	📖📖📖
家世	🏯🏯🏯🏯🏯
野心	🔥🔥🔥🔥🔥

出生地

三河國（愛知縣）

忠勝從年幼時，便開始侍奉德川家康，於桶狹間之戰初次上陣。忠勝身為德川家數一數二的猛將，經常於險境中出生入死，三方原之戰就是他的代表戰役之一。德川軍於此戰大敗，忠勝為了掩護家康逃亡而擔任殿後部隊，不只爭取充分的時間，讓自軍能夠全數撤退之餘，還突破武田軍的重圍，安全撤離。此外，在小牧・長久手之戰中，忠勝也僅憑500名兵力，便使得豐臣大軍進退失據，錯失戰機。

忠勝的威名也得到敵方的讚賞，甚至有人說他是「家康不配擁有的寶物」。

得敵人讚賞 天下無雙的 剛勇之士

武將軼聞　無敵忠勝唯一受過的傷

忠勝生平經歷57場合戰，當中沒有任何受傷的紀錄，然而他卻在隱居後不慎被小刀割傷。在他喃喃自語道：「我若受傷，就表示到此為止了吧。」之後於數日內離開人世。

Illustration: 樋口一尉

榊原康政

| Sakakibara Yasumasa | 生卒年 | 1548年～1606年 |

戰鬥 ★★★★★
智力 ★★★★★
家世 ★★★★★
野心 ★★★★★

出生地

三河國（愛知縣）

康政原以小姓身分侍奉德川家康，在初次上陣的三河一向一揆鎮壓戰中活躍，獲賜家康名字中的「康」字，而改名為康政。康政以剽悍著稱，在小牧‧長久手之戰中，他指責豐臣秀吉「你是想要奪取織田家吧」，惱羞成怒的秀吉拿出十萬石，下令懸賞康政的首級，但康政卻絲毫不以為意。

康政深得家康的信賴，在關原之戰時擔任德川秀忠軍的軍監。但秀忠卻受到真田昌幸的牽制，而耽誤了參與主戰的時機，使得家康大為光火；幸而在康政的調解之下，秀忠才獲得家康的原諒。

善於指揮部隊
亦兼具膽量
四天王的名將

武將軼聞

康政常用的紀念之物

年輕時貧窮的康政，在初次上陣時穿著師兄贈與的古老鎧甲。之後康政將其視為珍貴的吉祥物，每當出陣時，都會隨身帶著這副鎧甲。

Illustration: よじろー

率領德川最強部隊的年輕猛將

井伊直政

Ii Naomasa　｜生卒年｜ 1561年～1602年

戰鬥 ⚔⚔⚔⚔⚔
智力 🚩🚩🚩🚩🚩
家世 🏯🏯🏯🏯🏯
野心 🔥🔥🔥🔥🔥

出生地

遠江國（靜岡縣）

令敵人頭慄不已
人稱赤鬼井伊

　　直政是今川家家臣井伊直親之子，雖然身為德川家康的小姓，武藝卻備受眾人肯定，因此成為一名武將。直政對家康抱有絕對的忠誠，縱使在戰鬥中負傷，他仍會努力奮戰，因此最後直政和酒井忠次、本多忠勝、榊原康政等前輩諸將並稱為「德川四天王」。

　　直政無論何時作戰，皆勇敢向前、深入奮戰。在關原之戰時，直政也一馬當先，搶得頭功，立下斬殺島津豐弘的外甥島津豐久的戰功。然而勇猛的直政卻在亂戰中被島津軍的槍砲擊中，身負重傷，戰後傷勢惡化而不幸英年早逝。

武將 軼聞

名聞遐邇
德川最強的「井伊赤備」誕生

　　當家康統治舊武田家領地時，直政效仿武田家的猛將山縣昌景，將部隊的裝備統一為紅色，因此往後直政的部隊便被稱為「井伊赤備」，從此赤備便成為井伊軍的象徵。

Illustration: 佐藤仁彥

59

以必死覺悟竭盡忠義的武士典範

鳥居元忠

| Torii Mototada | 生卒年 | 1539年～1600年 |

戰鬥　⚔⚔⚔⚔⚔
智力　🛡🛡🛡🛡🛡
家世　🏯🏯🏯🏯🏯
野心　🔥🔥🔥🔥🔥

出生地

三河國（愛知縣）

元忠從家康身為今川家的人質開始，便作為家康的親信，擔任旗本先手役的職務（德川家直屬主君的家臣部隊）。

秀吉去世後，家康決意征討上杉家，委派元忠負責守備伏見城；此時家康若親自出征，石田三成隨即便舉兵討伐，可以預料伏見城將成為石田軍首當其衝的目標。元忠自然清楚此情勢，因而以必死的覺悟與家康訣別。之後伏見城果真被包圍，元忠拒絕敵軍的勸降並英勇作戰。戰鬥持續了13天，元忠最後與敵將單挑時戰死。為主君竭盡忠誠的元忠，被譽為三河武士的典範。

牽制大軍
壯烈犧牲的忠義之士

武將軼聞

不顧危險
因勇敢而付出代價

元忠也曾以斥候（偵察兵）的身分，親自深入敵陣；然而卻在諏訪原城之戰中暴露身分，致使腳上受到槍擊，甚至造成他往後步行的障礙。

Illustration: よじろー

擔任家康智囊的名參謀

本多正信

| Honda Masanobu | 生卒年 | 1538年～1616年 |

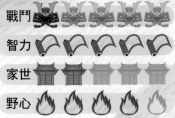

戰鬥

智力

家世

野心

出生地

三河國（愛知縣）

以各式各樣的謀略
協助家康取得天下

正信起初以馴鷹者身分侍奉家康，之後成為家康的參謀。當三河國的一揆眾發動一向一揆時，正信遂離開德川家，並加入一揆勢力與家康對戰；在一揆遭到鎮壓後，正信離開三河國，投靠松永久秀，而後又在諸國之間流浪。浪跡天涯一段時間後，在大久保忠世的斡旋之下，正信終於得以回歸德川家，而家康也待他像以往一樣，作為自己的親信。

正信在德川家中為少數善於謀略的智將，同時也作為家康的諮詢對象；而後他也受到二代將軍德川秀忠的信賴，更被任命為江戶幕府的顧問。

武將軼聞

雖然在家中不受歡迎
但與主君卻有深厚的信賴關係

正信在德川家中備受輕視，同族的本多忠勝斥責他是「膽小鬼」，榊原康政也叫他「墮落的傢伙」，不過家康仍對正信加以重用，並將他視為朋友對待。

Illustration: よじろー

石川數正

Ishikawa Kazumasa ｜ 生卒年 ｜ 生年不詳～1592年

第1章

德川家

石川數正

戰鬥　🗡🗡🗡🗡🗡
智力　🛡🛡🛡🛡🛡
家世　🏯🏯🏯🏯🏯
野心　🔥🔥🔥🔥🔥

出生地

三河國（愛知縣）

　　數正是從家康尚為人質時，便侍奉在側的一名武將，與家康的關係十分密切。他的膽量過人，同時也富有行動力，在家康從今川家獨立出來時，數正曾經救出身在今川家的家康之妻築山殿與長男信康，憑此戰功獲得家康絕對的信賴，因此成為德川家的家老，並受命擔任信康的監護人。

　　但在小牧・長久手之戰中，正當德川家與豐臣家和解時，數正卻突然背棄德川家而轉投秀吉旗下。因為數正熟知德川家的重要機密，他的叛逃使得德川家必須改革以往的三河軍制，造成一段時間的混亂。

雖為德川家的功臣
卻蒙受叛徒的汙名

武將軼聞

數正出奔離開德川家真正理由究竟為何？

　　關於數正叛逃的理由，有遭到收買、受到秀吉吸引等各種臆測，不過數正並沒有提及相關內容，因此真相仍籠罩在謎團當中。

Illustration: よじろー

遭到家中無情對待的天下人之子

結城秀康

Yuki Hideyasu

| 生卒年 | 1574 年～1607 年 | 出生地 | 遠江國（靜岡縣） |

　　秀康為家康的庶出次子，自小便不得家康的心，因此成為豐臣秀吉的養子；後來又因秀吉老來得子，再度以養子的身分送往結城家。秀康的武藝過人，關原之戰時負責壓制上杉家，立下戰功廣得讚譽，被加封五十萬石領地。

戰鬥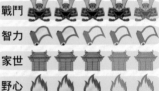

智力

家世

野心

Illustration:
樋口一尉

施展政治才能 奠基江戶幕府的第二代

德川秀忠

Tokugawa Hidetada

| 生卒年 | 1579 年～1632 年 | 出生地 | 遠江國（靜岡縣） |

　　秀忠是德川家康的三男，也是江戶幕府的二代將軍。儘管在關原之戰時，因真田昌幸牽制而來不及參戰，但秀忠卻是一名相當有能力的政治家。他在強化與朝廷間的關係以及駕馭大名上頗有作為，令江戶幕府的統治體制得以確立。

戰鬥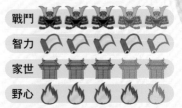

智力

家世

野心

Illustration: 誉

第1章

德川家

結城秀康／德川秀忠

人稱鬼之半藏的忍者首領

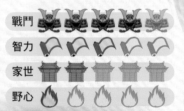
服部半藏

Hattori Hanzo

生卒年	1542年～1596年	出生地	三河國（愛知縣）

半藏是伊賀忍者的首領，當本能寺之變發生時，他負責帶領德川家康一行人經由伊賀國逃亡。家康幸虧得到這位出身自伊賀國的豪族、在地方上頗有聲望的半藏的協助，才得以平安無事成功逃回三河國，而半藏也因此立下大功。

戰鬥

智力

家世

野心

Illustration:
NAKAGAWA

擁有槍半藏外號的勇士

渡邊守綱

Watanabe Moritsuna

生卒年	1542年～1620年	出生地	三河國（愛知縣）

守綱以德川家康的旗本身分，參與過姊川之戰、三方原之戰、長篠之戰等重要戰役。在許多戰役中，守綱皆負責先鋒或殿軍等危險的任務，因此深受家康的信賴，之後更被拔擢為德川御三家之一的尾張藩付家老。

戰鬥

智力

家世

野心

Illustration: よじろー

酒井忠世

Sakai Tadayo

生卒年	1572年～1635年	出生地	三河國（愛知縣）

忠世原先仕於德川家康，而後成為德川秀忠的家老，可說是秀忠的心腹；他主要負責隨同秀忠上洛，或是擔任傳話給家康的使者等重要角色。忠世在三代將軍家光時失勢，雖然之後獲得赦免，但仍未恢復職位。

戰鬥

智力

家世

野心

Illustration: 哉斗涼

從劍術家搖身一變為政治家

柳生宗矩

Yagyu Munenori

生卒年	1571年～1646年	出生地	大和國（奈良縣）

宗矩是新陰流劍豪柳生宗嚴的五男，在披露流派奧義「空手入白刃」時，得到德川家康的賞識，拔擢為家臣，主要擔任將軍家的劍術指導。不僅家康，宗矩也受到二代將軍秀忠及三代將軍家光重用，成為領有一萬石領地的大名。

戰鬥

智力

家世

野心

Illustration: 哉斗涼

關原之戰 相關

決定天下的一戰

戰爭一觸即發之際

豐臣秀吉去世之後，成為日本最有權勢之人的德川家康，以上杉家有疑似叛變的舉動為由，下令出兵會津，征討上杉家。石田三成便趁家康離開根據地時起兵討伐，並攻陷伏見城；家康隨即迅速回師，兩軍遂在美濃國的關原地區爆發決戰。

開戰背景

秀吉死後，家康違反規定與其他大名強化關係，因此三成將家康視為危險人物。家康對此事也早有警覺，因此以征討上杉家的名義，引誘三成出兵。

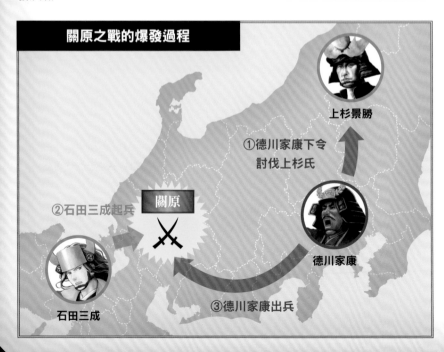

關原之戰的爆發過程

上杉景勝

①德川家康下令討伐上杉氏

②石田三成起兵

關原

③德川家康出兵

德川家康

石田三成

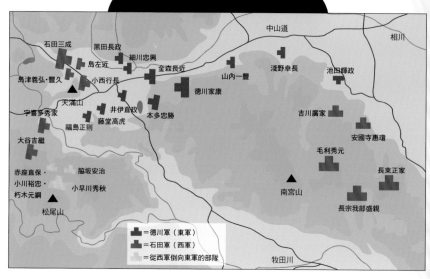

關原之戰合戰圖

石田三成　黑田長政
島左近　細川忠興
島津義弘・豐久　金森長近
宇喜多秀家　小西行長
天滿山
井伊直政
福島正則　本多忠勝
藤堂高虎
大谷吉繼
赤座直保・
小川裕忠・　脇坂安治
朽木元綱
小早川秀秋
松尾山

中山道　相川
淺野幸長　池田輝政
山內一豐
德川家康
吉川廣家
安國寺惠瓊
毛利秀元
長束正家
南宮山
長宗我部盛親
牧田川

■ = 德川軍（東軍）
▲ = 石田軍（西軍）
▨ = 從西軍倒向東軍的部隊

合戰流程

　　聚集在關原的軍隊人數，共有以德川家康為首的東軍７萬，以及以石田三成為首的８萬西軍。雖然東軍的兵力略居下風，但事先卻已向小早川秀秋與吉川廣家等西軍數位將領進行遊說。當合戰開打時，吉川部隊與同族的毛利部隊皆按兵不動，而小早川部隊則在家康的催促下，大舉進軍，接著數名將領也隨著小早川秀秋一同叛變，並殺入西軍內，致使西軍出現混亂，最終潰不成軍。

敗北　石田三成　德川家康　勝利

大谷吉繼　宇喜多秀家　黑田長政　福島正則

石田方（西軍）　德川方（東軍）

與關原之戰相關的戰役

決定天下大勢的關原之戰，其影響力甚至波及日本全境。無論是投靠德川方的東軍、還是響應三成方的西軍，幾乎所有的戰國大名皆各自表述其明確立場，並且於各地展開激烈的衝突。以下便將介紹與關原之戰相關，幾場主要戰場之外具代表性的知名戰役。

慶長出羽合戰的屏風畫，類似的大型戰役遍及日本全境。

第二次上田合戰　　德川秀忠 vs 真田昌幸

德川家康將大軍一分為二，由家康自己親自率領一軍，另一支則是交給德川秀忠負責。秀忠的部隊從中山道進發，當他行經上田城時，要求城主真田昌幸開城；然而昌幸卻加以拖延，並籠城作戰。火冒三丈的秀忠於是下令攻打上田城，藉此洩憤，但卻導致最後無法趕上關原之戰的主戰。

德川軍（東軍）

敗北

德川秀忠

榊原康政

真田昌幸

勝利

真田軍（西軍）　真田幸村

慶長出羽合戰　　最上義光 vs 直江兼續

最上家等諸位東北大名，為了征討上杉氏而齊聚山形，後來因為德川家康趕赴關原而解散；上杉軍便趁家康不在時，發兵攻打最上家的領地。雖然最上軍居於劣勢，但卻不斷與上杉軍纏鬥，直到不久後西軍於關原落敗的消息傳來，才迫使上杉家不得不全軍撤退，隔年最上家也受封上杉氏莊內地區的領地。

勝利

最上軍（東軍）

最上義光

敗北

上杉軍（西軍）　直江兼續

各地的有力大名

競相稱霸天下、擴張勢力範圍的群雄，

他們同時也是戰國時代的著名角色。

本章將介紹活躍於這個時代的有力大名與家臣。

伊達家

【家徽：竹雀紋】

伊達家將伊達實元送往上杉家作為養子時所獲贈，雖入嗣一事破局，但仍舊使用這個圖案。

伊達家的勢力圖

伊達家曾是東北地區一大勢力，後來因伊達稙宗與兒子晴宗之間出現紛爭，致使內部分裂，勢力轉趨衰退。歷經三代後，至政宗一代時即與周邊大名接連作戰，再度擴大領地。然而卻因豐臣秀吉一統天下，而不得不屈服，之後被懷疑有煽動一揆的嫌疑，最終使得領地遭減封。政宗在秀吉死後跟隨德川家，才得以恢復領土。

1580年伊達家勢力

1589年伊達家勢力

伊達家參與的主要戰役

🏯=攻城戰　⚔=野戰

1585年

人取橋之戰

 VS

伊達軍　　　佐竹軍

伊達軍攻打二本松城，與前來救援的佐竹家、蘆名家聯軍作戰。儘管伊達軍大敗，但佐竹軍為了警戒北條家，只能選擇撤退。

➡ **政宗九死一生！**

1589年

摺上原之戰

伊達軍　　　蘆名軍

伊達軍攻入蘆名氏領地，於摺上原交戰。蘆名軍因家臣間的嚴重對立而無法團結，最後導致毀滅性的慘敗，蘆名家就此滅亡。

➡ **伊達軍大勝！**

1589年

葛西大崎一揆平定

 VS 一揆軍

伊達軍

由政宗與蒲生氏鄉鎮壓葛西、大崎爆發的一揆，然而戰後卻發現一揆軍是政宗於背後煽動起兵的證據，因此造成極大的騷動。

➡ **政宗作繭自縛！**

重振伊達家的明君

伊達輝宗

Date Terumune ｜ 生卒年 ｜ 1544年～1585年

戰鬥

智力

家世

野心

出生地

出羽國（山形縣）

為政宗準備好
登場的舞臺後
便消失於歷史當中

　　輝宗是東北地區名門伊達家的第十六代當主。輝宗繼任家督後，隨即流放握有一族權力的中野宗時與其子牧野久仲，以便掌握實權。在家臣們團結一心之後，輝宗起兵奪回遭到相馬家占領的土地，之後便將家督之位讓與當時18歲的長子政宗──這是因為此時的輝宗已經看出政宗器宇非凡，未來能夠帶領伊達家發揚光大。

　　然而，在讓出家督之位的隔年，輝宗卻遭到前來拜見的畠山義繼挾持，在政宗緊急趕來之後，輝宗下令鐵砲隊射擊，將自己與義繼一起擊殺，最後壯烈犧牲。

武將軼聞

輝宗投注父愛於教育之中
將嫡男政宗培養成名將

　　輝宗不僅聘請名僧負責教育政宗，也命心腹片倉小十郎隨侍左右，從幼年時期便對政宗抱予期待。政宗能夠成為一代名將，也全賴父親的教育方針所致。

Illustration: よじろー

71

踞東北放眼天下的獨眼龍

伊達政宗

Date Masamune	生卒年	1567年～1636年

戰鬥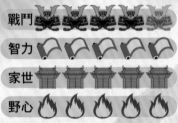

智力

家世

野心

出生地

出羽國（山形縣）

極富野心
時不我與的英雄

　　政宗於18歲時繼任家督，成為伊達家的當主。而當時東北地方群雄彼此征伐、大小戰役不斷的局勢，也因為政宗的登場，進而產生極大的轉變。

　　當政宗繼任家督時，天下已盡入豐臣秀吉之手。儘管秀吉頒布「總無事令」，規定必須由豐臣家仲裁與調停大名間的糾紛，禁止私鬥；但政宗置若罔聞，仍舊出兵東北各地，甚至在摺上原之戰消滅蘆名家。成為東北最大勢力的伊達家，最後選擇不和秀吉對抗，於小田原征伐時稱臣。然而從之後蓄意搧動一揆等作為來看，他仍伺機找尋取得天下的機會。

武將軼聞

政宗的綽號
乃根據中國名將而來

　　政宗曾於4歲時罹患天花，因而失去了右眼的視力。人們以中國唐朝的獨眼名將李克用的綽號，給予政宗「獨眼龍」的別稱。

Illustration: 譽

片倉小十郎

Katakura Kojuruu	生卒年	1557年～1615年

戰鬥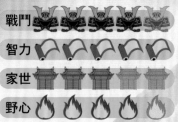

智力

家世

野心

出生地

出羽國（山形縣）

與獨眼龍出生入死
智勇兼備的名軍師

小十郎原先以小姓的身分侍奉伊達輝宗，而後成為其子政宗的親信。小十郎總是以政宗軍師的身分活躍，在家臣中被譽為「智之片倉」。當豐臣秀吉攻打小田原時，政宗正為是否該向秀吉臣服而苦惱不已，遲遲未能做出決定，此時小十郎便進言提醒：「秀吉的士兵就像蒼蠅一樣，怎麼趕也趕不完。」自視甚高的政宗最後聽從小十郎的意見，而選擇稱臣。

就連秀吉也對小十郎的才智敬佩不已，欲拉攏為自己的家臣；然而小十郎卻加以拒絕，終其一生只為政宗一人效忠。

武將軼聞

挖出政宗患病的右眼 建立主從深厚的情誼

政宗幼年時期，曾經因疾病造成右眼留有後遺症，因而留下心理創傷。此時小十郎親自以短刀挖出政宗的右眼，從而解決了主君的煩惱。

Illustration: 七片藍

人稱武之成實 伊達家數一數二的猛將

伊達成實

Date Shigezane　｜生卒年｜1568年～1646年

戰鬥
智力
家世
野心

出生地
出羽國（山形縣）

成實與政宗同門出身，是自稱「勇冠三軍」的猛將。18歲時成實參與人取橋之戰，在己軍潰敗之際仍英勇奮戰，將政宗從危難中拯救而出；並於摺上原之戰突襲蘆名軍側翼，進而改變戰況，可說是伊達家的一位重要武將。

然而，在政宗向豐臣秀吉臣服之後，成實卻突然離開伊達家。儘管出奔理由不明，不過流浪過程中，曾有上杉景勝與德川家康邀請，期盼招攬成實出仕旗下，但是皆遭到拒絕；後來在片倉小十郎的協調下，成實最終回歸伊達家，在政宗去世後，仍侍奉其子忠宗。

大軍在前絕不退縮 只有勇往直前一途

武將軼聞

頭盔的蜈蚣裝飾
正是視死如歸的證明

成實敬佩不斷勇往直前的蜈蚣，於是便將蜈蚣直立形狀的裝飾鑲在頭盔上，以示在戰場上永不言退的決心。

Illustration: よじろー

伊達三傑首屈一指的行政官員

鬼庭綱元

Oniniwa Tsunamoto ｜ 生卒年 ｜ 1549年～1640年

戰鬥

智力

家世

野心

出生地

出羽國（山形縣）

從後方支援
協助伊達家
迅速發展

　綱元是伊達家重臣鬼庭左月齋的長男。左月齋以73歲高齡參與人取橋之戰，卻不幸於擔任殿軍時，為了守衛主君政宗而戰死。與勇猛的父親不同，綱元擅長政務更甚於軍事。

　當豐臣秀吉一統天下後，伊達政宗被懷疑是搧動大崎・葛西一揆的主謀，此時綱元前往秀吉處替主君辯解，繼而受到秀吉賞識。然而綱元在沒有主君的允許之下，擅自接受秀吉的獎賞，此舉遂引起政宗的不滿，最後迫使綱元不得已離開伊達家，直到事情逐漸降溫的5年之後，才被政宗赦免，而得以回歸家中。

武將軼聞

伊達家智勇兼備的名將
為家中不可欠缺的人才

　綱元在領地經營與軍隊補給等內政相關的領域當中十分活躍，且貢獻良多，因此和片倉小十郎、伊達成實等兩人，並稱為「伊達三傑」。

Illustration: よじろー

原田宗時

Harada Munetoki	生卒年	1565年～1593年

戰鬥　

智力

家世

野心

出生地

出羽國（山形縣）

宗時是伊達家家臣原田宗政的外甥，由於宗政戰死時膝下無子，便由身為外甥的宗時繼任家督。宗時同時也是政宗手下武藝相當出眾的猛將，在摺上原之戰攻陷菅原城而立下戰功。然而，再勇猛的豪傑也不敵疾病的摧殘，宗時在出兵朝鮮之際，因水土不服而染病，最後於回國途中去世。

宗時將同為部屬的後藤信康視為勁敵，某日對信康的態度感到憤怒遂提出決鬥，可是信康卻告誡他：「我們爭吵，對伊達家有害無益。」兩人因此和解而成為好友，這段故事也成為後世流傳的美談。

以華麗的服飾吸引京都眾人的目光

武將軼聞

「伊達者」一詞的由來
豪華絢爛的軍勢

豐臣秀吉出兵朝鮮時，伊達軍身著華麗的服飾，宗時也佩帶長達2.7m的太刀，因而吸引眾人目光。當時看見此景的人們，便將喜好華麗打扮的人稱為「伊達者」。

Illustration: よじろー

支倉常長

遠渡歐洲的政宗使者

Hasekura Tsunenaga | 生卒年 | 1571年～1622年

戰鬥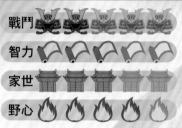

智力

家世

野心

出生地

出羽國（山形縣）

常長是侍奉政宗的武將。在政宗命他與西班牙進行交流之後，便遠渡太平洋，前往當時為西班牙殖民地的墨西哥；後來因締結通商條約失敗，於是又橫渡大西洋前往歐洲，接著謁見西班牙國王。常長在受洗成為天主教徒後，前往羅馬謁見教宗，請求通商往來，不過交涉最終仍以失敗收場，常長只得悻悻然地返回日本。

然而在常長回國時，日本卻已經發布了禁教令，打壓吉利支丹（天主教徒）勢力，而常長也被下令改變信仰。7年的航海旅程最終徒勞無功，沮喪的常長於2年後孤單死去。

環繞世界半周
遣歐使節的代表

武將軼聞

背負懷有野心的主君密令
啟程周遊世界

政宗原打算利用擁有當時世界最強海軍的西班牙的軍事能力，藉此取得天下；而常長為了實現主君的野心，因此奮不顧身地前往未知之境。

Illustration: 中山けーしょー

最上家

【家徽：二引兩】

最上家為足利家一門斯波家
的分家，因而採用與足利將
軍家相同圖案的家徽。

最上家的勢力圖

最上家為世代擔任羽州探題的名門，後來一度被伊達氏擊敗，納入伊達家的勢力範圍。至義守一代時，伊達家發生內亂，最上家趁機獨立。義守的後繼者義光最後臣服豐臣秀吉，得以保有領土，並於秀吉死後親近德川家康，在與上杉家的戰爭中得勝，成為五十七萬石的大大名。可是義光死後，最上家因發生騷動而遭改易。

1622 年滅亡

1572年最上家勢力　　　1622年最上家勢力

最上家參與的主要戰役　　🏯=攻城戰　⚔=野戰

⚔ 1588年 大崎合戰	伊達家率軍進犯大崎家，最上軍前往救援。兩軍一觸即發之際，因義光之妹、伊達政宗之母義姬介入，而使雙方停戰。
最上・大崎聯軍　VS　伊達軍	➡ 義姬以威信得勝！
⚔ 1588年 十五里原之戰	上杉家欲奪取莊內地方，於大崎合戰間發動突襲；最上軍奮勇作戰仍不敵。雖然上杉家違反總無事令，事後卻得到秀吉的默許。
最上軍　VS　上杉軍	➡ 最上軍缺少義光而落敗
⚔ 1600年 慶長出羽合戰	關原之戰時，上杉家大軍侵犯跟隨德川家的最上家領地，雙方纏鬥不休。不久後，上杉軍得知關原之戰的結果，便開始撤退。
最上軍　VS　上杉家	➡ 最上軍纏鬥勝利！

開創最上家極盛時期的名家督

三 最上義光

Mogami Yoshiaki　生卒年 1546年～1614年

戰鬥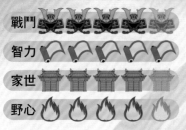
智力
家世
野心

出生地

出羽國（山形縣）

　　義光是最上家第二十一代當主，其妹義姬為伊達政宗的母親，因此義光為政宗的舅舅。

　　義光憑著先見之明，早期便開始接觸豐臣秀吉，並且讓女兒駒姬嫁給秀吉的養子秀次。可是秀次卻背上謀反的嫌疑，被迫切腹自殺，駒姬也連帶遭到處刑；不僅如此，義光也被秀吉懷疑有叛變之意，在德川家康的調解之下才得以平反。這一連串事件使得義光在關原之戰時選擇跟隨德川家，並與合戰期間攻入自家領地的上杉軍作戰。義光於關原戰後因擊敗上杉軍受封，最終成為領有五十七萬石領地的大名。

與外甥政宗競逐東北霸者的寶座

武將軼聞

家書中透露出正確的名字唸法

　　有很長一段時間，義光的名字被誤認為是「よしみつ」，不過後來發現義光寫給義姬的書信當中，是以平假名「よしあき」來自稱，才得以釐清正確的發音。

Illustration: 七片藍

伊豆發跡
成為立足
關東的霸主

北條家的勢力

　　第一代後北條家的當主北條早雲，曾身為今川家的家臣，趁著堀越公方爭奪家督時統治伊豆，並在扇谷上杉家與山內上杉家發生內亂時，伺機占領小田原城，自此確立北條家的地位。之後北條家的勢力更逐漸往關東擴大，領國在第四代當主氏政時達到最大。當北條家傳到氏直一代時，因豐臣秀吉發起小田原征伐而滅亡。

1516年北條家勢力

1570年北條家勢力

北條家參與的主要戰役

🏯 ＝攻城戰　⚔ ＝野戰

1546年

河越城之戰

△△△ VS ✿

北條軍　　山內上杉軍

北條綱成駐守的河越城遭山內上杉家、扇谷上杉家、足利家等共8萬兵力包圍；氏康與綱成合作發動夜襲，兩面夾擊擊退敵軍。

➡ 趁敵軍鬆懈突襲！

1560年～1561年

小田原城之戰

△△△ VS ✿

北條軍　　上杉軍

得以進出關東的上杉謙信，率領10萬大軍包圍小田原城。然而氏康固守小田原城，堅守不出，直到上杉軍的兵糧耗盡為止。

➡ 難攻不落之城！

1582年

神流川之戰

△△△ VS ✿

北條軍　　織田軍

本能寺之變後，北條家獲悉遂發兵侵略上野。瀧川一益出兵迎擊，雖一度擊退，卻抵擋不住第二波攻勢，只得從上野國撤退。

➡ 將織田家趕出關東！

【家徽：三鱗紋】
根據有如蛇身上的鱗片形狀而得名鱗紋，是繼承自鎌倉時代北條家的圖案。

確立關東領地 文武雙全的名君

北條氏康

Hojo Ujiyasu　｜生卒年｜ 1515年～1571年

戰鬥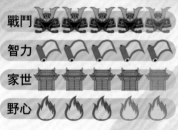

智力

家世

野心

｜出生地｜

相模國（神奈川縣）

氏康是北條家第三代當主，他以小田原城為根據地，雄據關東一帶，不斷與關東名門山內上杉家、扇谷上杉家，以及幕府將軍等勢力作戰，最後成功奪得並擴大領地。河越城之戰中，氏康以不到1萬人的兵力，向上杉·足利聯軍的8萬大軍發動奇襲，漂亮地贏得勝利。此外，他也和周遭大名如武田氏、上杉氏、今川氏等角力，於爭奪戰中互不相讓。

在政務方面，氏康也大力推行檢地與稅制改革，提升領地的經濟能力。氏康卓越的政治手腕，可算得上是其他戰國大名們的典範。

軍事與政務
皆有過人手腕

｜武將軼聞｜
　家臣的一席話
　令氏康的膽量因而提升

　氏康幼年時，曾因為目睹武藝訓練而驚嚇昏厥，家臣告訴他「初次經驗受到驚嚇並不可恥，重要的是必須做好心理準備」，因此日後造就他泰然自若的個性。

Illustration: 藤川純一

81

北條氏政

Hojo Ujimasa | 生卒年 | 1538年～1590年

戰鬥

智力

家世

野心

出生地

相模國（神奈川縣）

開創北條家
極盛時期的
關東霸主

氏政是北條氏康之子，也是北條家第四代當主，21歲時繼任家督，與氏康齊心擴展關東勢力。氏政將家督之位傳給兒子氏直後，在父子共同經營下，加上氏康時期的領地，共領有下野國、常陸國、駿河國等地，也是北條的勢力範圍達到最大的時期。

然而，不知是否由於事業有成，氏政開始狂妄起來，過於輕視豐臣秀吉的實力，不願屈服豐臣家而選擇迎戰。但即便是關東的霸主，終究也無法與擁有日本一半以上領土的秀吉抗衡，小田原城不敵大軍而淪陷，氏政也因此切腹自盡。

武將軼聞

儘管與妻子離異
卻仍鶼鰈情深

氏政之妻為武田信玄之女，當北條家與武田家敵對時兩人離婚；之後儘管與武田家修復關係，妻子卻早已不在人世，氏政便興建寺院以緬懷妻子。

Illustration: 藤川純一

 北條綱成

Hojo Tsunashige

生卒年	1515年～1587年	出生地	駿河國（靜岡縣）

綱成是今川家家臣福島正成之子，父親戰死後出仕北條家，在成為北條氏綱的女婿後加入北條一門，擔任北條家親衛隊的「北條五色備」一員。在河越城之戰中，綱成與北條氏康合作，擊敗敵人大軍，立下不少汗馬功勞。

戰鬥
智力
家世
野心

Illustration:
ue ☆ no

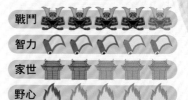 風魔小太郎

Fuma Kotaro

生卒年	生年不詳～1603年	出生地	不詳

風魔小太郎為世世代代侍奉北條家的風魔忍者首領之名，其中又以在黃瀨川之戰中，令武田軍大亂，進而引導北條家得勝的第五代風魔小太郎最為著名。然而在北條家滅亡後，風魔一族淪為盜賊，於江戶時代被捕而遭到處刑。

戰鬥
智力
家世
野心

第２章

北條家

北條綱成／風魔小太郎

Illustration: 七片藍

背叛主家的重臣

大道寺政繁

Daidoji Masashige

生卒年	1533年〜1590年	出生地	相模國（神奈川縣）

　政繁是北條早雲的盟友「御由緒家」一族之人，曾侍奉北條氏康、氏政、氏直，乃歷經三代的老臣。秀吉發動小田原征伐時，政繁受命駐守松井田城，遭大軍包圍之際投降，加入豐臣軍；但戰後卻被追究開戰責任，被迫切腹。

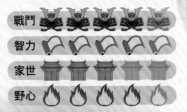

戰鬥

智力

家世

野心

Illustration:
ue ☆ no

引發北條家混亂的家老

松田憲秀

Matuda Norihide

生卒年	生年不詳〜1590年	出生地	相模國（神奈川縣）

　憲秀是北條家的頭號家老，也是一位權力可比大名的重臣。當秀吉發起小田原征伐時，憲秀擅自與秀吉和平交涉，因此被懷疑是內賊。傳聞北條家即是因為憲秀的行為，導致士氣低落，最後才不得不提早投降。

戰鬥

智力

家世

野心

Illustration:ue ☆ no

因良好教養才得以再度出仕

板部岡江雪齋

Itabeoka Kosetusai

生卒年	1536年～1609年	出生地	不詳

　　雪齋是執掌北條家政務與外交事務的僧侶，當北條家與豐臣家對立加深時，他以使者的身分與豐臣秀吉會面。秀吉十分欣賞這位精通和歌與茶湯的一流文化人，曾親自為他泡茶，並於小田原征伐結束後招攬雪齋成為其御伽眾。

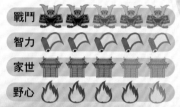

戰鬥
智力
家世
野心

Illustration:
ue☆no

板部岡江雪齋／北條氏直

期望家族存續與和平的年輕少主

北條氏直

Hojo Ujinao

生卒年	1562年～1591年	出生地	相模國（神奈川縣）

　　氏直是北條氏政之子，為北條家第五代、也是最後的當主。原先冀望與豐臣家和平共處，但家臣卻違背秀吉公布的總無事令，擅自攻打真田家，致使北條家百口莫辯，更在秀吉發起小田原征伐時滅亡，最後氏直被流放至高野山。

戰鬥
智力
家世
野心

Illustration: 三好載克

佐竹家

【家徽：五本骨月丸扇】

於源賴朝所賜予的扇紋上加入圓月的圖案。此外也會使用佐竹桐或源氏香的家徽。

佐竹家的勢力圖

佐竹氏的先祖為平安時代的武將源義家，出自清和源氏一族。戰國時代曾與上杉家聯手，對抗北條家，最後壓制常陸國。但當伊達政宗開始擴大伊達家的勢力範圍時，佐竹家遭到北條家與伊達家的夾擊，難以生存，於是便向豐臣秀吉稱臣以圖保全領地。後來因在關原之戰保持中立，使得領地遭到改易，移封至秋田。

1572年佐竹家勢力

1595年佐竹家勢力

佐竹家參與的主要戰役

🏯=攻城戰　⚔=野戰

⚔ 1564年
山王堂之戰

 VS ▲▲▲

佐竹軍　小田軍

與小田家敵對的佐竹家向上杉家求援。上杉謙信親率大軍，一舉擊潰小田軍；而佐竹軍也在兩軍野戰結束後抵達，並攻陷小田城。

➡ **佐竹軍輕鬆撿到勝利！**

⚔ 1584年
沼尻合戰

 VS ▲

佐竹軍　北條軍

織田信長死後，佐竹家和宇都宮家聯軍，攻擊勢力急速擴大的北條家。然而兩方僅有零星衝突，戰況僵持不下，不久便以議和收場。

➡ **期間過長以平局作收**

⚔ 1588年
郡山合戰

 VS 🦁

佐竹軍　伊達軍

蘆名家與伊達家爭奪勢力時，作為蘆名家後盾的佐竹家提供援助，卻害怕違反總無事令而無法參戰，最後毫無作為而撤離軍隊。

➡ **未進行決戰便撤軍**

不停南征北討的鬼義重

佐竹義重

Satake Yoshishige

生卒年	1547年～1612年	出生地	常陸國（茨城縣）

　　佐竹家為清和源氏一脈的關東名門，而義重便是佐竹家第十八代當主。他不僅數次與北條家爭奪關東霸權，在伊達政宗擴張勢力時也向東北出兵，支援蘆名家。義重極早便與豐臣秀吉接觸，並於小田原征伐時加入豐臣軍。

戰鬥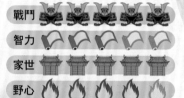

智力

家世

野心

Illustration:
ue ☆ no

因方針對立而失去歷代祖先的土地

佐竹義宣

Satake Yoshinobu

生卒年	1570年～1633年	出生地	常陸國（茨城縣）

　　義宣是義重之子，為佐竹家第十九代當主，在小田原征伐中立下戰功，受封常陸五十四萬石。關原之戰時，義宣支持三成，父親義重則跟隨家康，致使家中意見出現分歧，最後決定保持中立，以致戰後被減封至出羽二十一萬石。

戰鬥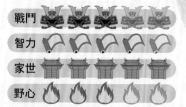

智力

家世

野心

Illustration:ue ☆ no

87

【家徽：左三巴】

這是一種被稱為巴紋的圖案，寺院及神社也會採用，常繪製於太鼓上。

巧妙利用
強大勢力
於亂世生存

結城家

結城家的勢力

結城家是平將門之亂中戰死的藤原秀鄉的後代，到了戰國時代後，結城家總是一面觀察北條家與上杉家的動向，一面轉變臣屬的勢力，才得以延續家族。後來豐臣秀吉發起小田原征伐，結城家臣從秀吉，並迎接家康之子、也是秀吉的養子秀康作為繼承人，然而家名卻在秀康恢復德川姓氏、並轉封至越前國後，不幸斷絕。

1556年結城家勢力

1604 年家名斷絕

1604年結城家勢力

結城家參與的主要戰役　⚑=攻城戰　⚔=野戰

1560年

結城城之戰

結城軍 VS 佐竹軍

佐竹家、宇都宮家、小田家聯軍侵略結城家的領地，前一年才成為結城家家督的晴朝，於結城率眾奮戰，最後成功擊退聯軍。

➡ **擊退周遭諸國聯軍！**

1570年

平塚原之戰

結城軍 VS 小田軍

小田家的勢力受到佐竹家的壓制而衰微，結城家伺機發動攻擊。雖然兵力以結城軍略勝一籌，卻因小田軍發動夜襲，最終落敗。

➡ **夜襲迫使結城軍大敗！**

1600年

會津征伐

結城家 VS 上杉家

秀吉死後，德川家康認為上杉家有反叛之意，於是著手進行會津征伐，後來因石田三成起兵而撤退，留下秀康與上杉軍對峙。

➡ **結城秀康發揮其武勇！**

88

巧妙利用他國勢力的謀將

結城晴朝

Yuki Harutomo ｜ 生卒年 ｜ 1534年～1614年

戰鬥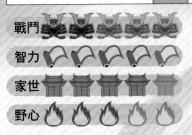
智力
家世
野心

出生地

下總國-（茨城縣）

晴朝是結城一族的小山高朝的三男，後來作為養子過繼給結城家當主的伯父結城政勝，成為第十七代家督。晴朝善於審時度勢，起初先是投靠北條家，後來轉向上杉家，接著又與北條家交好，判斷局勢改變投靠勢力，藉以保全一族。

在豐臣秀吉即將一統天下之際，晴朝開始親近秀吉。當秀吉的親生兒子秀賴出生後，原先作為秀吉養子的德川秀康立場變得尷尬，晴朝便迎接秀康為養子，與天下人攀附關係。為了讓家族得以存續，無論任何事物都會加以利用，戰國大名的生存之道莫過於此。

以高明外交戰術
於戰國亂世求生

武將軼聞
名門結城家
致力於家族存續的歷程

　鎌倉時代即創立的結城家，在秀康一代卻轉封至越前國，並恢復舊姓松平。此事帶給晴朝極大的衝擊，傳說他後來將家譜與傳家寶置於當地寺社，希望能留下家族的足跡。

Illustration: 樋口一尉

89

戰國公主 相關

努力維繫家族的女性們

公主的命運

　　戰國時代是以戰國武將為中心，可說是重男輕女的社會，幾乎大部分的女性名字都沒有流傳下來，即便身為大名家公主這類社會地位較高的女性也無一例外。戰國大名的女兒只是作為道具，藉此深化姻親家族間的同盟關係；而從夫家家族來看，這些嫁來的公主也如同人質。除此之外，當時的女性即使成為大名之妻，仍會有其他較受寵愛的側室；而且當她們沒有生下後嗣，或者家族之間處於敵對的緊張情勢時，這些女性也有可能面臨離婚的命運。不過也有少數女性會負責教育以小姓身分侍奉的年輕武將，抑或在丈夫不在時團結家臣，充分發揮身為女主人的地位。

也有勇猛不輸男子的公主武將

　　當時的女性儘管普遍作為家族道具，但仍有不受時代價值觀束縛、如男性般有家臣跟隨，以領主身分活躍的女性；甚至有手持武器在戰場上衝鋒陷陣、表現不輸男性的女武將，一旦輕視她們的話便會嚐到苦果。

市之方

　一生嫁給兩任丈夫，皆於戰爭中死去。市之方的一生就像反映戰國時代般，充滿了悲劇。

Illustration: ナチコ

❀ 著名的戰國公主 ❀

市之方
生卒年 1547年～1583年

市之方為織田信長之妹、淺井長政之妻。夫妻感情和睦，育有一男三女，可惜淺井家卻因為與織田家敵對而遭到滅亡；後來在信長之子信孝的安排下，與柴田勝家再婚。然而當豐臣秀吉打敗勝家後，阿市放棄逃亡的念頭，與丈夫雙雙自盡。

相關人物 淺井長政

阿市最初的丈夫。在淺井家遭到織田家攻打而瀕臨潰敗之際，他讓阿市與孩子們逃往城外。

小松姬
生卒年 1573年～1620年

小松姬為本多忠勝之女。因德川家康敬佩於真田家在第一次上田合戰的表現，為了深化與真田家的關係，下令將小松姬嫁與真田信之。她是一位意志堅強的女性，在關原之戰開戰前夕，她守護信之不在的城池，全副武裝拒絕西軍的入城要求。

相關人物 真田信之

小松姬的丈夫。小松姬深受信之信賴，當她去世時，信之感嘆說道：「我們家的光芒消失了」。

淀殿
生卒年 1569年～1615年

淀殿是淺井長政與市之方所育三姐妹中的長女，本名茶茶。市之方在第二任丈夫柴田勝家落敗時自殺，留下姐妹三人逃亡。後來茶茶成為豐臣秀吉的側室，即後來的淀殿，豐臣秀賴的誕生讓她握有發言權，最後於大坂夏之陣中落敗而自盡。

相關人物 豐臣秀賴

淀殿所生下的豐臣家繼承人。一直無法如願得子的秀吉，對於這個好不容易得到的兒子喜出望外。

義姬
生卒年 1548年～1547年

義姬是最上義光之妹，在嫁給伊達輝宗之後，生下伊達政宗與弟弟小次郎，以及二名女兒。義姬為一名行動派女中豪傑，曾二度在伊達家與最上家作戰時乘轎闖入戰場，介入調停兩軍；但是後來卻離開伊達家，回到最上家。

相關人物 伊達政宗

傳聞義姬溺愛次子小次郎，與政宗不睦，但後來發現她寫給政宗的書信中，字裡行間充滿濃濃母愛。

井伊直虎
生卒年 生年不詳～1582年

直虎為今川家家臣井伊直盛之女。當直盛戰死於桶狹間之戰，而繼任者井伊直親因謀反嫌疑而遭到處刑，致使當時出家的她必須回到家中，繼任井伊家家督。直虎將把持家中事務並協助德川家康的重臣處死，藉以團結井伊家。

相關人物 井伊直政

井伊直親之子，也是直虎的堂弟。直虎將把他養育成人，後來繼承井伊家，並成為德川家的猛將。

甲斐姬
生卒年 1572年～卒年不詳

甲斐姬是北條家武將成田氏長之女。氏長在小田原征伐時前往小田原城，居城忍城則由城代成田泰季與其子長親等人駐守，甲斐姬即協助成田父子一同抵抗石田三成的包圍。戰後她的武勇受到豐臣秀吉的賞識，因此被秀吉納為側室。

相關人物 石田三成

在甲斐姬等人的奮戰之下，三成遲遲無法攻打忍城，使得他不善作戰的印象從此深植人心。

武田家

【家徽：割菱】

除了武田家，割菱常作為其他氏族的家徽，武田菱的特色在於菱之間間隔較狹窄。

武田家的勢力圖

　　武田家傳承自清和源氏一門的源義光一脈，可說是武門名家。至信虎一代，武田家統一甲斐國；信虎之子信玄在流放父親後，與北條、今川家締結同盟，壓制信濃一國。雖然信玄在今川義元死後攻陷駿河國，卻不幸於上洛途中病逝。之後由四男勝賴繼任家督，但卻於長篠之戰大敗，導致勢力衰退，最後遭織田家消滅。

1531年武田家勢力

1573年武田家勢力

武田家參與的主要戰役

🏯=攻城戰　⚔=野戰

1550年
砥石城之戰

 VS 上

武田軍　　村上軍

武田軍攻打村上家的砥石城，卻因防守堅固而傷亡慘重。信玄不得已撤退時，又遭村上軍反擊，致使武田軍的損失更加擴大。

➡ **信玄中最大的挫敗！**

1573年
三方原之戰

 VS 🌿

武田軍　　德川軍

信玄以上洛為目標，進犯三河國，儘管武田軍通過濱松城時遭家康從後方攻擊，但信玄早已布好陣勢等待，反將德川軍打得潰不成軍。

➡ **信玄以優勢取得大勝！**

1574年
高天神城之戰

 VS 🌿

武田軍　　德川軍

勝賴為了擴張領土而出兵攻打高天神城。雖然高天神城固若金湯，就連信玄也無法陷落，不過卻在勝賴帶領的武田軍猛攻之下淪陷。

➡ **展現凌駕父親的武略！**

壯大山中之國 放眼天下的英雄

武田信玄

Takeda Shingen　生卒年 1521年～1573年

戰鬥

智力

家世

野心

出生地

甲斐國（山梨縣）

率領戰國最強軍團
人稱甲斐之虎

　　名門武田家為清和源氏的後代，信玄則是第十九代當主。信玄在流放父親武田信虎，並掌握家中實權之後，開始進行法規整頓、治水工程、金山開發等領地建設，因而獲得百姓的信賴；接著信玄與今川家、北條家締結三國同盟，並且占領信濃國。此外，信玄也與隣國越後的上杉謙信，展開5次激烈的川中島之戰，雖然雙方傷亡慘重，卻沒有分出勝負。

　　而後信玄背棄與今川家的同盟，攻陷駿河國後放眼天下，在三方原之戰大敗德川家康。正當信玄欲與織田信長一決雌雄之際，卻因染病而猝逝。

武將軼聞

武田軍的註冊商標
「風林火山」旗幟

　　信玄所率領的武田軍採用「風林火山」的旗幟，這是引自古代中國的兵書《孫子兵法》，用來昭示軍隊所在之處。武田軍高舉這面大旗，並號稱戰國最強軍團。

Illustration: 立澤準一

93

山本 勘助

Yamamoto Kansuke	生卒年	生年不詳～1561年

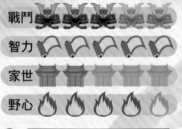

戰鬥
智力
家世
野心

出生地

三河國（愛知縣）

以單眼洞悉
識破敵人的計謀

根據武田家的軍學書《甲陽軍鑑》記載，據稱勘助曾擔任武田信玄的軍師。由於勘助一眼失明且下肢殘疾，出仕今川家時遭到拒絕，在信玄看出他的才能後，加入武田軍麾下。勘助為了回應主君的期待，於攻打信濃國時拿下9座城池，同時也負責海津城與小諸城的興建工作。

第四次川中島之戰時，勘助提出以本隊和別動隊夾擊上杉軍的「啄木鳥戰法」。雖然信玄採用此戰略，卻被謙信識破。在得知自己的策略並未奏效之後，勘助為了逆轉戰局而奮勇殺敵，最後戰死沙場。

武將
軼聞

勘助的真正身分
其實為同名的武將？

山本勘助的身分成謎，就連存在也存疑；不過在其他的史料中卻出現發音相同的「山本菅助」之名，據說此人就是山本勘助、或者作為勘助原型的武將。

Illustration: 譽

成為家康夢魘的武田軍猛將

山縣昌景

| Yamagata Masakage | 生卒年 | 1529年～1575年 |

戰鬥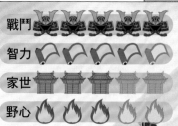

智力

家世

野心

出生地

甲斐國（山梨縣）

昌景原本的名字為飯富源四郎，由於兄長飯富虎昌因謀反之嫌遭到處刑，因此便拋棄飯富的姓氏，改名為山縣。

昌景作戰所率領的兵卒，乃全身穿著紅色裝備、名為「赤備」的武田軍最強部隊，名聲響遍各國。三方原之戰時，德川家康成為昌景赤備軍猛攻的目標，令德川軍幾近全滅。

在信玄死後，昌景改仕繼承人武田勝賴。他在長篠之戰時看出形勢不利自軍，並出言勸諫勝賴撤退，可是卻不被勝賴所採納，仍堅持在此地決一勝負，昌景便勇敢地衝入敵陣，最終壯烈犧牲。

作戰所向無敵
得到信玄讚揚的
武田最強武將

武將軼聞

以德川軍最強部隊復活的「赤備隊」

武田家滅亡後，原先侍奉昌景的士兵們紛紛加入德川家家臣井伊直政的部隊當中，最後終於令享有盛名的「赤備」復活，並以德川軍最強部隊的身分活躍。

Illustration: 三好載克

馬場信房

Baba Nobufusa	生卒年	1514年～1575年

戰鬥

智力

家世

野心

出生地

甲斐國（山梨縣）

老驥伏櫪
仍於戰場活躍

　　信房出身教來石家，奉清和源氏為祖，可說是武家名門。在信玄成為武田家家督時，信房改姓馬場，並且深受信玄的信賴，不但負責守備武田領地北方最前線的牧乃島城，同時也以家中顧問的身分活躍。當信玄攻打駿河國，意欲掠奪今川家的金銀財寶時，信房便曾批評信玄的作為：「搶奪敵人財物的行為，與盜賊無異。」並且將所有的寶物燒毀。

　　在信玄死後，信房成為武田勝賴的重臣，以62歲的高齡參與長篠之戰。然而戰爭最終失利，信房為了讓勝賴脫身而擔任殿軍，最後英勇奮戰而死。

武將軼聞

人稱不死之身
超群的武藝及武運

　　信房在62年的人生歲月當中，總共參與約70次合戰，在長篠之戰前甚至不曾在戰場上受過傷，因此又被稱為「不死身的鬼美濃」。

Illustration: 鯵屋槌志

從一介百姓躍升為城主的人生勝利組

高坂昌信

Kosaka Masanobu ｜ 生卒年 1527年～1578年

戰鬥

智力

家世

野心

出生地

甲斐國（山梨縣）

昌信雖出身尋常百姓之家，卻被拔擢為武田信玄的奧近習眾（親信），年紀輕輕便出人頭地，成為侍奉大將的側近英才。從昌信被提拔為海津城城主、擔任抵禦上杉家最前線守備這一點來看，不難看出信玄對他的信賴。此外，在第四次川中島之戰中，昌信率領別動隊，計畫對上杉軍發動奇襲卻撲空；後來趕忙與本隊會合，才拯救了陷入潰敗危機的信玄本隊，立下戰功。

江戶時代流傳的武田家軍學書《甲陽軍鑑》，據說也是出自昌信之手，對於後世在戰國史研究上作出了極大的貢獻。

受到信玄寵愛的 戰國美青年

武將 軼聞 不分男女皆能擄獲芳心 美貌出眾的青年

昌信容姿五官端正，深得信玄的寵愛，甚至還有一封信玄寫給昌信的情書流傳至今。不只是信玄，昌信在眾多男女之間也可說是大受歡迎。

Illustration: 鰺屋槍志

武田勝賴

Takeda Katsuyori | 生卒年 | 1546年～1582年

戰鬥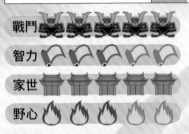

智力

家世

野心

出生地

甲斐國（山梨縣）

　　勝賴是武田信玄的四子。由於長男義信有謀反的嫌疑，被迫切腹自盡；加上次子信親眼盲、三子信之早逝，便由勝賴成為武田家第二十代當主。

　　勝賴擁有比信玄更為出色的軍事才能。繼任當主的隔年，勝賴便攻打織田家的美濃國，接著又攻陷連信玄也無法攻克的遠江國高天神城。然而在長篠之戰中，卻因為織田‧德川聯軍事先預備的防馬柵，使得突擊受阻，同時受到鐵砲隊的射擊，最終大敗。武田家在此役中失去許多士兵與重臣，之後便一蹶不振，不久後勝賴因家臣背叛而自盡。

不辱偉大父親
武勇之名的猛將

武將軼聞

武藝出眾
反而變得目空一切

　　織田信長曾評論勝賴是一位相當優秀的武將，然而在《甲陽軍鑑》中，卻描述勝賴不過是一位「善戰的大將」。或許是因為過於勇猛，而導致他做事欠缺考慮也不一定。

Illustration: 譽

擁有出色支援能力的副將

內藤昌豐

Naito Masatoyo

生卒年	1522年〜1575年	出生地	甲斐國（山梨縣）

　由於身為武田家家臣的父親內藤虎豐
遭到武田信虎殺害，使得昌豐一度離開
武田家，直到武田信玄這一代才回歸。
山縣昌景盛讚他是「真正的副將」，為
人冷靜沉著，同時受到信玄及勝賴父子
的重用，卻不幸戰死於長篠之戰中。

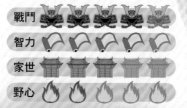

戰鬥	
智力	
家世	
野心	

Illustration:
鯵屋槌志

強奪信長叔母的甲斐猛牛

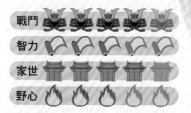

秋山信友

Akiyama Nobutomo

生卒年	1527年〜1575年	出生地	甲斐國（山梨縣）

　信友是甲斐源氏一脈的名族。他曾響
應武田信玄的上洛作戰，攻陷織田領內
的岩村城，並迎娶城主之妻、也就是織
田信長的叔母，此舉令信長怒不可遏。
雖然長篠之戰後，信友向織田軍投降，
卻仍逃不過與夫人一同處刑的命運。

戰鬥	
智力	
家世	
野心	

Illustration: 藤川純一

對主君棄而不顧的叛徒

小山田信茂

Oyamada Nobushige

| 生卒年 | 1539年～1582年 | 出生地 | 甲斐國（山梨縣） |

　　小山田家與武田家互為姻親，因此相比其他家臣，與武田家的關係要更為緊密。信茂曾假意迎接敗給織田信長而逃亡的武田勝賴，卻在中途叛變，迫使勝賴自殺。然而信茂向織田軍投降後，卻沒有被信長赦免，最後遭凌遲處刑。

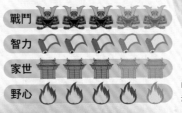

戰鬥

智力

家世

野心

Illustration:
海老原英明

遭過去手下敗將反擊

木曾義昌

Kiso Yoshimasa

| 生卒年 | 1540年～1595年 | 出生地 | 信濃國（長野縣） |

　　義昌原本是與武田信玄對抗的信濃國居民，在迎娶信玄之女為妻後成為武田家一員。然而信玄去世後，武田家開始步入衰敗，他於此時倒戈投向織田家，之後侍奉豐臣秀吉，被轉封至遠離故鄉的下總國，最後在失意之中病逝。

戰鬥

智力

家世

野心

Illustration: 譽

展現武田氣魄的勝賴之弟

仁科盛信
Nishina Morinobu

生卒年	1557年～1582年	出生地	甲斐國（山梨縣）

　　盛信是武田信玄的五男，後來繼承信濃國的名門仁科家。信玄過世後，盛信與兄長勝賴協力維護武田家，並且成為高遠城的城主。當織田家發動甲州征伐時，遭到織田信忠所率大軍包圍，盛信拒絕勸降並頑強奮戰，最終自盡身亡。

戰鬥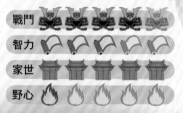

智力

家世

野心

Illustration:
藤川純一

導致武田家滅亡的叛離家臣

穴山梅雪
Anayama Baisetsu

生卒年	1541年～1582年	出生地	甲斐國（山梨縣）

　　梅雪是武田信玄姐姐的兒子，在武田勝賴成為信玄繼承人時大表不滿，不僅在長篠之戰中擅自撤兵，最後更為了保命，不惜背棄武田向織田家投降。本能寺之變發生時，梅雪從京都趕回領地途中遭到一揆勢力襲擊，不幸喪命。

戰鬥

智力

家世

野心

Illustration: 佐藤仁彥

真田家

令天下人
也畏懼三分的
智謀與計策

【家徽：六連錢】
據說是在真田家的始祖海野
一族、大元的滋野一族時開
始採用。

真田家的勢力圖

真田家從幸隆侍奉武田家開始，就以信濃國上田附近作為根據地。至昌幸一代時，由於武田家滅亡，轉而向織田信長稱臣；而在信長去世後，真田家便周旋在德川家、北條家、上杉家之間，追隨強權，致力於領地的維持與家族延續。關原之戰後，真田家的家名與領地，則是由侍奉德川家的昌信之子信之繼承下來。

1565年真田家勢力

1600年真田家勢力

真田家參與的主要戰役

🏯＝攻城戰　✕＝野戰

1575年

長篠之戰

武田軍　VS　織田・德川聯軍

真田家隨武田軍參戰。由於幸隆於前一年病逝，而長男信綱與次男昌輝皆戰死於此戰中，因此戰後便由三男昌幸繼任家督之位。

➡ **遭織田・德川聯軍大敗**

1582年

第一次上田合戰

真田軍　VS　德川軍

德川軍以約7000兵力攻打上田城，昌幸將敵人誘入城內後放火，接著由守備砥石城的信之從另一方攻擊，使德川軍陷入混亂。

➡ **將德川軍玩弄於股掌中**

1600年

第二次上田合戰

真田軍　VS　德川軍

幸村為了牽制德川秀忠的3萬8000大軍，佯裝中計而將敵軍引誘至城邊，給予強烈反擊並趁勝追擊，致使德川軍傷亡慘重。

➡ **大勝德川軍！**

為真田家奠基的智者

真田幸隆

Sanada Yukitaka | **生卒年** 1513年～1574年

戰鬥

智力

家世

野心

出生地 信濃國（長野縣）

擅長情報收集 以策略見長的 真田家始祖

幸隆是以信濃國小縣郡作為根據地的豪族，曾因為武田信玄之父信虎與村上義清等人的侵略，而一度失去領地。之後幸隆得知信虎遭到信玄流放，且聽聞繼任成為武田家新當主的信玄，採納人才不問身分高低，凡是有能力之人便會加以採用，於是幸隆便決定侍奉信玄。當信玄正式展開攻打信濃國的行動時，便是由幸隆負責從事情報收集、暗中支援活動等工作，相當活躍。由於幸隆熟悉信濃的內部情形，很得信玄重視，不久過後便取回過去的領地，甚至被推舉為「武田二十四將」當中的一員。

武將軼聞
攻陷砥石城時立下戰功 因而獲得信玄的信賴

村上義清為信濃國反抗信玄最為激烈的豪族，幸隆針對義清的重要據點砥石城用計，在獲得內應之後順利攻陷此要塞，繼而贏得信玄的信任。

Illustration: 藤川純一

真田昌幸

Sanada Masayuki | 生卒年 | 1547年～1611年

第2章

真田家

真田昌幸

戰鬥

智力

家世

野心

出生地

甲斐國（山梨縣）

　　昌幸是真田幸隆的三男，年少時曾擔當信玄的近侍，年紀漸長後以優秀的情報收集與臨機應變能力而得到主君信賴。武田家滅亡後，昌信依據局勢判斷，不斷地改變臣屬對象，周旋在織田、北條、德川、上杉等勢力之間，最終跟隨豐臣秀吉。在臣屬過程中，昌幸始終保有上田與沼田的領地，其中最有名的事蹟，莫過於在第一次上田合戰中漂亮擊退德川軍。儘管在關原之戰時選擇與德川家康對立，但昌幸另一方面也接受家康的聯姻請求，將長男信之納入德川麾下，繼而使真田家得以存續。

二度擊退德川軍 智謀絕倫的武將

武將軼聞

昌幸的優秀才能
據說連家康都對他警戒堤防

　　一提到昌幸，最著名的就是二度擊退德川軍的上田合戰。第一次力克兵力4倍以上的敵人、第二次更擊退10倍以上的德川大軍，就連家康也對昌幸的才能特別警戒。

Illustration: 藤川純一

真田信之

Sanada Nobuyuki	生卒年	1566年～1658年

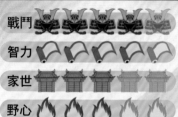

戰鬥
智力
家世
野心

出生地

甲斐國（山梨縣）

以德川家家臣身分
維繫真田家

信之是真田昌幸的長子，當武田家滅亡之後，他跟隨父親昌幸於各種大大小小的戰役中活躍。在第一次上田合戰中，信之也跟隨昌幸參與戰事，並協助擊退德川軍；後來真田家向豐臣秀吉輸誠，在秀吉的調解之下與家康達成和解，並由信之迎娶家康的養女小松姬為妻，進而成為德川家的家臣。然而，這層聯姻關係卻使信之在關原之戰與大坂之陣中，必須與父親及弟弟為敵。不過，信之並未以私廢公，而是以德川家臣的身分盡力達成任務，之後受封為信濃國松代藩主，使真田家得以延續。

武將軼聞

**實力得到家康認可
因而招攬至德川家中**

家康聽聞信之在上田合戰的活躍事跡，特地提親招攬至德川家。雖然未有令人印象深刻的軼事流傳下來，但評價卻不亞於父親與胞弟，真田家也全賴信之才得以存續。

Illustration: 藤川純一

真田幸村

Sanada Yukimura ｜生卒年｜ 1567年～1615年

戰鬥
智力
家世
野心

出生地

甲斐國（山梨縣）

轟轟烈烈的戰鬥
名垂青史的勇將

　　幸村是真田昌幸的次子。真田家原先所侍奉的武田家，在幸村8歲時滅亡；後來改仕織田家，但織田信長卻也在幾個月後於本能寺殞命。父親昌幸不斷改變主君，傾盡全力維持真田家的領地，幸村則是在這段期間被送往上杉家與豐臣家作為人質。而後，幸村也參與了關原之戰，並於第二次上田合戰中與德川軍交戰；不過真正令他聲名遠播的，卻是後來兩次的大坂之陣。幸村參與這場戰役時投靠豐臣方，雖然最終不幸戰死，但他的奮戰英姿卻得到諸將讚賞，名聲更是流傳後世。

武將軼聞

於大坂之陣展現武勇奮戰之姿 得到東軍諸將的讚賞

　　幸村於大坂之陣中縱馬出大坂城，在真田丸攻防戰及突擊德川家康本陣時英勇奮戰，獲得德川方諸將一致讚賞，甚至稱他為「日本第一勇士」。

Illustration: 藤川純一

真田大助

Sanada Daisuke

生卒年	1601年～1615年	出生地	紀伊國（和歌山縣）

　　大助是真田幸村的嫡子，在父親幸村被流放的紀伊國九度山中出生，之後與父親一同參與大坂之陣。大助在大坂夏之陣中負傷奮戰，後來受父親之命返回大坂城，最後在豐臣秀賴自殺時，大助一同殉死。

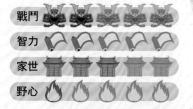

戰鬥

智力

家世

野心

Illustration:
藤川純一

一說：真田幸村還活著？

「如惡鬼般的真田，背著如花朵般的秀賴大人，兩人的身影隱入加護島中。」

大坂夏之陣後，這首歌謠在百姓之間開始流行。所謂的「加護島」指的便是「鹿兒島」，傳說在大坂夏之陣中戰死的真田幸村乃是影武者穴山小助，本人則是帶著豐臣秀賴與其子真田大助離開大坂城，並逃往鹿兒島；相同的論點也出現在根據江戶時代的說書而寫成的《真田三代記》中。由於真田幸村的名字在當時廣為人知，甚至有許多百姓希望他能存活，所以這個論點才會如此大受歡迎。

不知是否因為沒有發現豐臣秀賴的遺體，以致於秀賴獲救的論點比起真田幸村更為有力。

後世創作所杜撰的幸村家臣們
真田十勇士

第2章　真田家　真田十勇士

「真田十勇士」為跟隨真田幸村的10位家臣，儘管他們皆為後人憑空杜撰，不過卻是以實際人物作為原型。這些人物的雛形最早出現在創作於江戶時代、描述昌幸到大助三代興亡的小說《真田三代記》。由於當中追隨幸村的奇人義士在說書界也很受歡迎，於是後來說書人又在小說內出現的8個人中，加入了猿飛佐助與望月六郎；明治時代之後，立川文庫將這些說書故事改編為歷史小說刊物，並且於大正時代發行《真田十勇士》。

三好清海入道

三好伊三入道

筧十藏

穴山小介

根津甚八

望月六郎

海野六郎

由利鎌之介

猿飛佐助

霧隱才藏

善使甲賀忍術的十勇士之首

猿飛佐助

Sarutobi Sasuke

生卒年	不詳	出生地	信濃國（長野縣）

佐助是真田十勇士之首，也是甲賀忍術的名人，以隱身幻術為主，最初是被甲賀忍術高手戶澤白雲齋相中而收為弟子，而後於15歲時出仕真田幸村。一般認為猿飛佐助是以甲賀的三雲佐助賢春或猿飛仁助等人作為原型。

戰鬥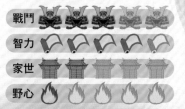

智力

家世

野心

Illustration:
藤川純一

使用伊賀忍術的佐助勁敵

霧隱才藏

Kirigakure Saizo

生卒年	不詳	出生地	近江國（滋賀縣）

才藏師承百地三太夫，為伊賀忍術的高手。為了復興滅亡的主家淺井家，因此成為山賊籌措軍隊資金，然而卻在與佐助的忍術對戰中落敗，於是成為幸村的家臣。據說霧隱才藏是以《真田三代記》中的霧隱鹿右衛門作為原型。

戰鬥

智力

家世

野心

Illustration: ナチコ

三好清海入道

Miyoshi Seikainyudu

生卒年	生年不詳～1615年	出生地	阿波國（德島縣）

　　清海入道以18貫（67.5kg）的鐵棒作為武器，是以怪力自豪的巨漢，為三好伊三入道之兄；一般認為他是三好家一族的破戒僧，或出身自出羽國。據說是以戰死於大坂夏之陣的「三好三人眾」之一的三好政康，作為人物原型。

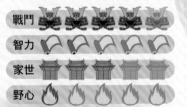

戰鬥

智力

家世

野心

Illustration:
藤川純一

三好伊三入道

Miyoshi Isanyudu

生卒年	生年不詳～1615年	出生地	阿波國（德島縣）

　　伊三入道是三好清海入道之弟，與兄長同樣擁有怪力，曾參與關原之戰中的第二次上田合戰，戰後跟隨遭到流放的幸村，之後投入大坂之陣而壯烈犧牲。據傳三好伊三入道是以三好政康之弟政勝作為原型。

戰鬥

智力

家世

野心

Illustration: 藤川純一

第2章

真田家

三好青海入道／三好伊三入道

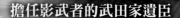穴山小介

Anayama Kosuke

生卒年	1568年?～1615年?	出生地	不詳

　由於小介與幸村同年且樣貌相近，負責擔任幸村的影武者。小介出身為武田家家臣穴山信君一族，在武田家滅亡後成為幸村的部屬。據傳穴山小介其實是穴山信光的長男，不過此人是否實際存在仍不得而知。

戰鬥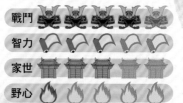
智力
家世
野心

Illustration:
藤川純一

敗給幸村的武藝高手

由利鎌之介

Yuri Kamanosuke

生卒年	1573年?～1615年?	出生地	不詳

　鎌之介是使用鎖鎌和長槍的名人，原先與幸村敵對，但在戰場上與穴山小介單挑後落敗，因此成為幸村的家臣。關於由利鎌之介是否存在，有人認為歷史上真有其人，也有人認為他只是完全虛構的人物。

戰鬥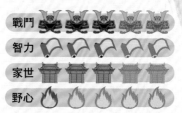
智力
家世
野心

Illustration: ナチコ

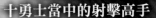

筧十藏

Kakei Jyuzo

生卒年	1573年?～1615年?	出生地	不詳

　　十藏是使用火繩槍的高手，有關其出身眾說紛紜，也有的說法認為他是仕官於豐臣家家臣蜂須賀家的真田家家臣之子。據說筧十藏是以幸村的家臣筧十兵衛作為原型，不過歷史上是否真有其人仍不得而知。

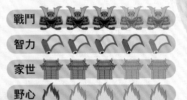

戰鬥

智力

家世

野心

Illustration:
ナチコ

海野六郎

Unno Rokuru

生卒年	生年不詳～1615年?	出生地	信濃國（長野縣）

　　六郎與真田家同樣為海野氏出身，父親在真田昌幸手下擔任侍大將一職，因此六郎從小也跟著侍奉幸村，在十勇士當中資歷最深，同時也是幸村的得力助手。人物原型可能是《真田三代記》中的海野六郎兵衛利一或海野小平太。

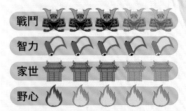

戰鬥

智力

家世

野心

Illustration: 藤川純一

加入幸村麾下的海賊首領

根津甚八

Nedu Jinpachi

生卒年	不詳	出生地	信濃國（長野縣）

　　甚八為滋野氏根津一族出身，過去曾
經是一名海賊首領，後來遇見前來探查
九鬼水軍的幸村而成為他的家臣，與由
利鎌之助互為冤家。至於人物原型，有
觀點指出是真田家家臣根津貞盛，或者
參加大坂之陣的淺井井賴兩者之一。

戰鬥

智力

家世

野心

Illustration:
藤川純一

善於使用火藥的炸彈忍者

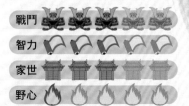

望月六郎

Mochizuki Rokuru

生卒年	1572年？～1615年	出生地	信濃國（長野縣）

　　六郎出身自與真田家祖先海野氏互有
淵源的滋野氏望月一族，與猿飛佐助同
樣是甲賀忍術的高手，擅長使用大砲或
地雷這類火藥的忍術，主要侍奉幸村之
子大助。有關望月六郎的原型人物與去
向，則是眾說紛紜，未有定論。

戰鬥

智力

家世

野心

Illustration: 藤川純一

大坂之陣 相關

戰國最後的大合戰

戰爭一觸即發之際

關原之戰後，德川家為了開創江戶幕府，因此便刻意讓豐臣家逐漸遠離政治中心。儘管兩家表面上相安無事，然而江戶幕府卻在豐臣家重建方廣寺時，對於刻在大鐘上的銘文大作文章。對此大表不滿的豐臣家決定聚集士兵，向幕府舉起反旗。

開戰背景

江戶幕府指出方廣寺的大鐘上寫有「國家安康」等字眼，蓄意將「家康」之名拆離。實際上只是煽動豐臣家主動起兵，以便找出攻打他們的藉口罷了。

引爆大坂之陣的過程

②豐臣家著手準備開戰　①發生方廣寺鐘銘事件

德川家康

③德川家康出兵

豐臣秀賴

大坂之陣 合戰圖

【大坂冬之陣】

【大坂夏之陣】

大坂冬之陣 合戰流程

雖然沒有大名響應豐臣家，不過卻有一些在關原之戰後遭到改易、或者並未出仕的浪人們，一同聚集在大坂城與幕府軍作戰；其中又以真田幸村堅守真田丸，令幕府軍飽嘗苦頭。由於戰爭演變成持久戰，雙方的糧草彈藥開始匱乏，致使冬之陣最終以和解收場。

大坂夏之陣 合戰流程

家康向秀賴提出解僱大坂城內的浪人，以及遷離大坂兩個條件，卻遭到豐臣家拒絕，雙方再度兵戎相見。由於上次議和時已經將大坂城的護城河填平，豐臣軍只得發起野戰。儘管在幸村等人的猛攻之下令幕府軍蒙受極大損失，但最終仍力竭戰死，豐臣家也隨之滅亡。

敗北　豐臣秀賴　德川家康　勝利

真田幸村　後藤又兵衛　伊達政宗　藤堂高虎

豐臣方　德川方

於戰國亂世誕生的全新上杉家

上杉家

【家徽：竹中二飛雀】

為讓出家督之位的山內上杉家家徽，是將先祖勸修寺家的家徽簡化而來的圖案。

上杉家的勢力圖

上杉謙信出生於長尾家，長尾家原為上杉家的首席家臣，在上杉憲政讓出家督之位時，謙信便改姓上杉。謙信肩負室町幕府的代表與關東調停者兩種身分，雖於各地征戰，領地卻沒有因此增加。到了景勝一代，曾一度轉封至會津，成為領有一百二十萬石的大名；然而在關原之戰後，上杉家卻被減封至米澤三十萬石。

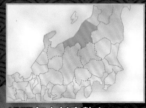
1557年上杉家勢力

1576年上杉家勢力

上杉家參與的主要戰役

🏯=攻城戰　⚔=野戰

⚔ 1561年

第四次川中島合戰

 上杉軍　VS　 武田軍

謙信與武田信玄互爭信濃國北部，於川中島所進行的5次激戰中最為慘烈的一戰，雙方皆出現數千名死傷，最後以平手收場。

 ➡ 平分秋色

⚔ 1572年

尻垂坂之戰

 VS 一向一揆　上杉軍

與加賀國、越中國一向一揆之間的戰爭。謙信為了挽救戰況而親自出陣，打垮因秋雨影響而無法使用鐵砲的一揆眾。

➡ 上杉軍大勝

🏯 1578年～1580年

御館之亂

  VS

上杉景勝軍　上杉景虎軍

上杉謙信猝逝，引發上杉景勝與上杉景虎之間的內鬥。最後由眾多謙信親信所支持的景勝獲得勝利，但卻也削弱上杉家的實力。

➡ 景勝獲勝卻削弱戰力

號稱戰國最強的越後軍神

上杉謙信

| Uesugi Kenshin | 生卒年 | 1530年～1578年 |

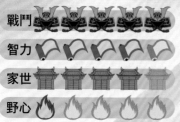

戰鬥

智力

家世

野心

出生地

越後國（新潟縣）

　謙信原出身自擔任越後國守護代的長尾一族，在壓制其他上杉家同族後，完成國內的統一，之後擔任關東管領職的上杉憲政讓出家督之位與職務給他，因而改姓上杉。謙信以重視仁義、尊重已經名存實亡的室町幕府而著稱；此外，對於與武田信玄及北條家作戰的信濃國（長野縣）北部或關東地區的小豪族，謙信總是回應他們的請求，伸出援手並馳赴救援。謙信所發動的戰爭，目的並非是為了擴大自己的領土，因此謙信雖然是令信玄都敬畏三分的頂尖軍事高手，他所統治的領土範圍卻維持不變。

指揮作戰不曾失敗
尊稱軍神的戰爭天才

武將軼聞

自小便精通兵法
被譽為毘沙門天的化身

　謙信自小開始便學習兵法，也經常親自臨陣指揮。他尤其特別擅長野戰，因而被譽為是武神毘沙門天的化身，令人望而生畏。

Illustration: 譽

117

宇佐美定滿

Usami Sadamitsu	生卒年	1489年～1564年

戰鬥

智力

家世

野心

出生地

越後國（新潟縣）

　　定滿為「上杉四天王」的一員，原先侍奉越後國守護上杉定實。當越後守護代長尾為景實力漸增，定滿為了協助定實奪回實權，而與為景作戰，卻不幸落敗，之後定滿便侍奉為景及其子晴景；然而晴景的性情卻間接促成國內陷入混亂，於是家臣中開始出現擁立胞弟景虎（之後的上杉謙信）的聲浪。定滿為了防止內亂，因此介入晴景與景虎之間，加以調解，最後晴景將家督之位讓予景虎後隱居，而定滿則改仕景虎。當親近晴景的長尾政景對此不滿而起兵時，定滿即跟隨景虎作戰，立下戰功。

支持年輕的上杉謙信為國內安定作出貢獻

武將軼聞

斷絕後顧之憂
原因不明的溺斃事件

　　長尾政景在家族中的實力排名第二，雖然曾向謙信發誓效忠，但對謙信而言卻有如芒刺在背。定滿在邀請政景乘船遊湖時，兩人一同溺斃，此事真相至今仍撲朔迷離。

Illustration: すずき ちぇるな

飽嘗一代盛衰的謙信繼承人

上杉景勝

| Uesugi Kagekatsu | 生卒年 | 1555年～1623年 |

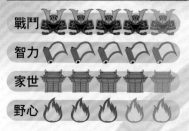

戰鬥
智力
家世
野心

出生地

越後國（新潟縣）

即使領地遭到更替
仍使上杉家名流傳後世

　　景勝是長尾政景的次子，政景之妻為上杉謙信的姐姐仙桃院，所以他與上杉謙信互為舅舅與外甥；在父親政景和宇佐美定滿一起溺斃後，景勝便成為上杉謙信的養子。謙信另外還有一位從北條家迎來的養子景虎，但卻在尚未決定繼承人的情況下猝逝。與背後有北條家支持的景虎相比，景勝利用謙信遺留的軍事資金與武田家聯手抗衡，並在御館之亂時勝出，而得以成為繼承人。隨後景勝再度統一混亂的越後國，雖然在效力豐臣秀吉時得以擴張勢力，但後來卻與德川家康對立而被移封至米澤。

武將軼聞

儘管沉默寡言且嚴肅卻仍然受到家臣的愛戴

　　家臣們對於感情不溢於言表的景勝，可說是又敬又畏。當上杉家移封至俸祿僅有過去4分之1的米澤時，幾乎所有的家臣仍對景勝不離不棄。

Illustration: すずき ちぇるな

直江兼續

| Naoe Kanetsugu | 生卒年 | 1560年～1619年 |

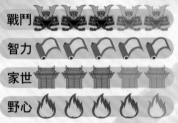

戰鬥

智力

家世

野心

出生地

越後國（新潟縣）

兼續是上杉景勝的心腹，關於其出身與侍奉景勝的緣由眾說紛紜，據說是在20歲時獲得信賴而成為親信。兼續與同樣受景勝重用的狩野秀治一起支持上杉家，但秀治卻於1584年病逝，使得兼續必須一手包辦內政與外交事務；此外，他在豐臣秀吉發起小田原征伐，以及鎮壓莊內地方的一揆等戰事上均十分活躍，文武兩方面皆展現出過人的才能。豐臣秀吉不僅予以高度評價，還數度以特別的待遇為條件，欲招攬兼續加入麾下，可是兼續卻以「我侍奉的只有景勝一人」為理由婉拒了。

貫徹對主君的忠誠
上杉景勝的心腹

武將軼聞

只講道理而不畏權勢
令上杉家得以存續

關原之戰開戰前夕，兼續認為德川家康提出上洛的要求不合情理，而加以拒絕。雖然此舉招致家康大怒，但後來仍成功地保全上杉家，並致力於新領地的發展。

Illustration: すずき ちぇるな

號稱越後首屈一指的猛將

柿崎景家

Kakizaki Kageie

生卒年	生年不詳～1575年	出生地	越後國（新潟縣）

　　景家是上杉家第一猛將，在戰場上總是擔任先鋒，而在與武田家進行的第四次川中島合戰中，他更成功突破武田軍本隊。景家不只是一位莽撞的武將，在和北條家交涉時，他也發揮出色的政治手腕，順利地與其達成同盟。

戰鬥

智力

家世

野心

Illustration:
すずき ちぇるな

文武兼備的越後鍾馗

齋藤朝信

Saito Tomonobu

生卒年	生年不詳～ 年不詳	出生地	越後國（新潟縣）

　　朝信在上杉家中是資深的武將，不但在上杉謙信手下擔任政務奉行，同時也作為軍隊的核心，於大小戰役中活躍，甚至傳聞有人將他比喻為「鍾馗」。謙信過世之後，朝信改仕景勝，並成功地使上杉家與武田家結盟。

戰鬥

智力

家世

野心

Illustration: すずき ちぇるな

121

本庄繁長

Honjo Shigenaga

生卒年	1539年～1613年	出生地	越後國（新潟縣）

繁長是一位好勝心極強的勇猛武將，由於與武田軍以及伊達軍作戰時十分活躍，因此引起上杉謙信的注意。雖然繁長曾一度受到武田信玄的挑撥，試圖從上杉家獨立，但叛變失敗而重新歸降，之後仍盡心侍奉謙信與景勝。

戰鬥

智力

家世

野心

Illustration: すずき ちぇるな

甘粕景持

Amakasu Kagemochi

生卒年	生年不詳～1604年	出生地	不詳

景持與宇佐美定滿及柿崎景家並稱，同為「上杉四天王」之一。在第四次川中島之戰中，景持在戰局不利的情況下擔任殿後部隊，與兵力相差10倍的武田軍奮戰；據說他的本領甚至讓武田軍誤以為是謙信親自擔任殿軍。

戰鬥

智力

家世

野心

Illustration: すずき ちぇるな

第2章

上杉家

本庄繁長／甘粕景持

直江景綱

Naoe Kagetsuna

生卒年	1509年～1577年	出生地	越後國（新潟縣）

景綱以直江兼續的養父身分而廣為人知。他在侍奉長尾家兩代之後，成為首席家老，並於上杉謙信手下擔任政權核心，不僅在內政與外交方面發揮所長，同時也以侍大將的身分，率領一軍將士而於戰場上活躍。

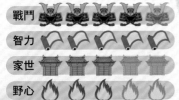

戰鬥

智力

家世

野心

Illustration: 哉丗涼

上杉景虎

Uesugi Kagetora

生卒年	1509年～1579年	出生地	相模國（神奈川縣）

景虎是北條氏康的七男。在上杉家與北條家締結同盟時，他被送往越後國作為人質；當同盟破裂後，景虎仍留在越後國，並成為謙信的養子而備受禮遇。在謙信猝逝後，景虎在與上杉景勝的繼承人之爭中落敗，最終自殺身亡。

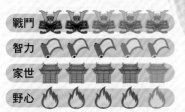

戰鬥

智力

家世

野心

Illustration: 哉丗涼

足利將軍家同族名門

今川家

【家徽：二引兩】

今川家為足利將軍家的一門，使用與足利家相同的家徽，另外也會使用赤鳥的圖案。

今川家的勢力圖

今川家為足利將軍家的一門，擔任駿河國（靜岡縣中部、東北部）與遠江（靜岡縣西部）守護一職，至駿河今川家第九代氏親時制定分國法，使今川家從守護大名成為戰國大名。至第十一代義元時，勢力範圍擴大至三河（愛知縣東部）及尾張（愛知縣西部）。然而隨著義元戰死於桶狹間之戰，今川家亦於8年後滅亡。

1559年今川家勢力

1568年滅亡

1568年今川家勢力

今川家參與的主要戰役

🏯=攻城戰　⚔=野戰

⚔ 1548年
小豆坂之戰
今川軍 VS **織田軍**

織田信秀攻打三河國（愛知縣東部）岡崎城，今川軍與其對戰。今川家派遣太原雪齋支援松平廣忠，最後以伏兵擊敗織田軍。

➡ **今川軍勝利**

🏯 1549年
第三次安城合戰
今川軍 VS **織田軍**

今川家收到松平家當主廣忠遭家臣暗殺的消息，出兵前往松平領地，接著與松平軍一同攻陷位於三河國的織田家據點安祥城。

➡ **今川軍勝利**

⚔ 1560年
桶狹間之戰
今川軍 VS **織田軍**

今川軍與尾張國的織田信長對戰。為了救援遭到孤立的親今川勢力，義元親自率大軍出陣，最後卻在桶狹間遭到信長的奇襲而戰死。

➡ **當主戰死，今川軍落敗**

令領國繁榮鼎盛的東海梟雄

今川義元

Imagawa Yoshimoto

生卒年	1519年～1560年	出生地	駿河國（靜岡縣）

　　義元是擔任駿河國與遠江守護職的名門、也是與足利家同為一族的今川家的當主。義元繼任家督之後，便著手軍事改革，發揮經營領地的卓越手腕，讓領國得以繁榮昌盛。此外，義元的弓術高超，被譽為「東海道第一神射手」。

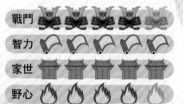

戰鬥

智力

家世

野心

Illustration: 誉

協助義元的今川家重臣

太原雪齋

Taigen Sessai

生卒年	1496年～1555年	出生地	駿河國（靜岡縣）

　　雪齋出生於今川家重臣的家族中，負責教育今川義元。當義元之兄氏輝猝逝時，爆發爭奪家督的花倉之亂，雪齋便於此時協助義元成為當主，之後也作為義元的親信，實現與武田家及北條家的「甲相駿三國同盟」，於隔年去世。

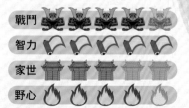

戰鬥

智力

家世

野心

Illustration: 誉

125

齋藤家

【家徽：撫子】

由齋藤道三搶奪來的齋藤家
家徽，以秋天七草之一的大
和撫子（瞿麥花）為圖案。

齋藤家的勢力圖

　　齋藤道三流放主君土岐賴藝而成為美濃國國主，3年後，道三便將家督之位讓與長男義龍，而後便隱居。義龍繼任家督，於2年後便將兄弟殺害，並發兵討伐殺害父親道三，接著致力於內政，平定國內的混亂局勢。6年後，義龍病逝，但後繼的龍興昏庸無能。一直到滅亡為止，齋藤家再也沒有擴大勢力範圍。

1552年齋藤家勢力

1567年滅亡

1567年齋藤家勢力

齋藤家參與的主要戰役　　🏯=攻城戰　⚔=野戰

🏯 1544年 或 1547年

加納口之戰

齋藤軍 VS 織田軍

織田信秀、朝倉孝景、土岐賴藝等人聯手攻打美濃國，兵臨城下，正當要暫時撤退之際卻遭到道三攻擊，最後聯軍慘敗而歸。

➡ **齋藤軍大勝！**

⚔ 1563年

新加納之戰

齋藤軍 VS 織田軍

齋藤軍以3500兵力迎戰1萬5700兵力的織田軍，儘管人數居於劣勢，但憑藉家臣竹中半兵衛的伏兵之計，成功擊退敵軍。

➡ **擊退織田軍**

🏯 1567年

稻葉山城之戰

齋藤軍 VS 織田軍

美濃三人眾約定倒戈，織田信長遂起兵攻打美濃國。由於城下已燒毀，再加上部下們紛紛出城投降，龍興最後只能丟下領地逃亡。

➡ **棄城逃亡**

體現下克上的美濃梟雄

齋藤道三

Saito Dosan

生卒年	生年不詳～1556年

戰鬥

智力

家世

野心

出生地

山城國（京都府）

奪取美濃一國
戰國時代的策士

齋藤家是由父子兩代共同打下江山，而入戰國大名之列。道三利用父親新左衛門尉所建的基礎，趁著擔任美濃國（岐阜縣南部）守護的土岐家內亂時，當時任美濃國守護代的齋藤家便藉機奪取土岐家勢力，並流放主君土岐賴藝，一手掌握整個美濃國；2年後，道三於1554年將家督之位讓與嫡子義龍，而後便隱居。然而，隱居後的道三疼愛次子與三子，更甚長子義龍。因此害怕遭到廢嫡的義龍便先一步設局殺害兄弟，隨後起兵討伐道三，雙方爆發良川之戰中，道三最終不幸戰死。

武將軼聞

是不義竊國所得到的報應嗎？
遭到親生兒子殺害的下場

道三疼愛次子與三子，更甚於嫡子義龍。由於道三是一個以不義手段奪取一國之人，感到自身危機的義龍因而發動叛變，道三最後便遭到親生兒子殺害。

Illustration: 佐藤仁彥

頑固一徹一詞由來的良將

稻葉一鐵

| Inaba Ittetsu | 生卒年 | 1515年～1588年 |

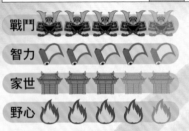

戰鬥
智力
家世
野心

出生地

美濃國（岐阜縣）

侍奉著名的武將 於戰國求生存

一鐵是文武雙全的美濃國武將。他先侍奉土岐家，接著改仕齋藤道三，與氏家卜全及安藤守就並稱「美濃三人眾」，三人共同守護齋藤家。在道三遭到兒子義龍殺害之後，一鐵便改仕義龍，並且在織田信長攻打美濃時與其作戰，活躍於戰場上。一鐵在侍奉第三代當主龍興時，選擇拋棄龍興而轉投向信長，之後更以信長麾下武將的身分，立下不少戰功，而後受封為清水城的城主。當信長死於本能寺之變後，一鐵便親近豐臣秀吉，於秀吉的治世中享盡天年。

武將軼聞

**因其固執的一面
而有了「頑固一徹」一詞**

活躍於姊川之戰的一鐵，獲得信長下賜「長」一字，然而一鐵卻以「德川家康的功勞最大」為由，堅辭不受。據說日文中「頑固一徹」一詞，即是根據他的固執而來。

Illustration: 丞惡朗

第2章 齋藤家 稻葉一鐵

命運悲慘的美濃國重臣

安藤守就

Ando Morinari | 生卒年 1503年？～1582年

戰鬥

智力

家世

野心

出生地

美濃國（岐阜縣）

遭過去同伴討伐
下場悲慘的武將

守就和稻葉一鐵以及氏家卜全，並稱「美濃三人眾」，同為支持齋藤家的武將。守就與一鐵等人同樣都在齋藤龍興一代時，倒戈改投向織田信長旗下，之後亦投身參與姉川之戰與長島一向一揆之戰。然而，守就卻在1580年招致信長懷疑「充滿野心」，致使一族遭到流放。此事的確切原因至今仍不明，據說是因為安藤家與武田家暗通的緣故。2年後，信長於本能寺之變中遭到明智光秀殺害，守就遂於此時與兒子們一同趁勢起兵，妄圖奪回舊領地，然而卻反遭過去的同僚一鐵殺害。

武將軼聞

即使規勸主君龍興
也無法阻止齋藤家的衰敗

守就原先侍奉齋藤龍興時，為了讓主君龍興有所警惕，於是協助竹中半兵衛奪取稻葉山城。但此舉仍無法阻止齋藤家的衰敗，守就最後只能選擇背棄龍興。

Illustration: 丞惡朗

侍奉齋藤家的美濃三人眾一員

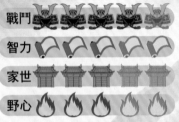

氏家卜全

| Ujiie Bokuzen | 生卒年 | 生年不詳～1571年 |

戰鬥

智力

家世

野心

出生地

美濃國（岐阜縣）

忠誠侍奉信長
美濃國出身的武將

　　卜全是美濃國的武將，也是與稻葉一鐵及安藤守就一起支持齋藤家的「美濃三人眾」一員。卜全曾先後侍奉土岐家與齋藤家，後來與一鐵及守就同時背棄齋藤龍興，加入織田信長麾下。美濃國出身的卜全，在織田軍當中算是一名菜鳥；不過，這幾位美濃眾的表現卻不下尾張眾，於是信長便一視同仁，任命卜全為大垣城主。1571年，卜全起兵征討伊勢國（三重縣）國中爆發的一向一揆，並加入柴田勝家的軍隊；開戰不久後，他代替撤退時遭到襲擊而負傷的勝家，擔任殿軍，最後不幸戰死。

武將
軼聞

盡力達成任務
於戰場上光榮犧牲

　　卜全在參與一向一揆討伐戰時，年齡已近60歲左右。他願意接下危險的殿軍任務，或許是為了報答信長的知遇之恩也說不定。

Illustration: 海老原英明

殺害家人而登上當主的寶座

齋藤義龍

| Saito Yoshitatsu | 生卒年 | 1527年～1561年 |

戰鬥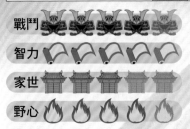

智力

家世

野心

出生地

美濃國（岐阜縣）

對出身抱持疑慮
而殺害父親及胞弟

　　義龍是齋藤道三的長子，於1554年從道三手中接下家督之位，繼任為齋藤家當主。據說道三認為義龍頭腦簡單、四肢發達，且資質駑鈍，不但溺愛兩個弟弟，而且打算廢嫡。暫且不論這個說法是真是假，在義龍成為當主的2年後，他殺害兩位弟弟，接著剿滅道三。之後義龍專心致力於內政，整頓因戰亂而荒廢不堪的美濃國內，並阻止織田信長的入侵。從這些事跡可以看出義龍並非一名庸才。可惜的是，義龍在擊敗道三的6年後因病猝逝，齋藤家由嫡子龍興繼承，此後走上沒落一途。

武將軼聞

犯下弒親暴行的原因
關於出身的傳聞

　　義龍的母親原為土岐賴藝的側室，據說在她嫁給道三之前已有身孕，加上道三對他極為冷淡，使義龍懷疑自己成為美濃國當主的正當性，於是便將父親與兄弟殺害。

Illustration: 三好載克

外交相關

於亂世中求生存的手段

戰國大名的交涉術

雖說是戰國時代，但戰國大名們也不可能總是以武力來解決所有的紛爭。無論戰爭勝利或敗北，大名們皆會蒙受巨大的損失，進而使得領國元氣大傷，甚或有可能在國力虛弱時遭第三國伺機攻擊。戰國大名們深知箇中道理，因此也會派遣使者，與他國頻繁地進行外交談判。

作為一名外交使者，除了得在不會招致對方不悅的情況下，提出我方的要求，同時也要當場判斷對方所提出的條件好壞，因此外交使者必須具備一定的教養與判斷能力。有些大名甚至會僱用外交官，專門出使並應對外交工作，而且負責這個任務的人們絕大部分都是僧侶（外交僧）。

太原雪齋

侍奉今川家的軍師，也是外交僧。他成功讓今川與武田、北條家締結三國同盟。

安國寺惠瓊

毛利家的外交僧，作為與豐臣秀吉的交涉窗口，能力受到秀吉賞識而獲賜領地。

外交的目的

同盟

有約定互不攻打對方的停戰同盟，以及聯手攻打其他大名家的軍事同盟等等。儘管這類同盟時有所聞，但也經常出現毀約的情況。

和睦

提出停戰要求。占優勢的一方即使將對方消滅，仍必須付出極大代價，因此有時也會提出對本國有利的條件與對方和解。

領土交涉

以繼承他國領土、或者歸還被搶奪的領土為目的，因而進行的交涉。此外，領土交涉大多都是和睦的其中一項附帶條件。

戰國時代的著名外交

同盟 三國同盟

1554年，武田家、北條家、今川家3國之間所締結的同盟，也稱為甲相駿三國同盟。3家皆因為同盟關係而後顧無憂，得以專心擴大自己的領地。

同盟 清洲同盟

1562年織田家與德川家所締結的同盟，兩家在攻打敵國時，依照約定互相出兵援助。原先雙方是對等關係，但後期變成德川家從屬於織田家。

同盟 織田・淺井・朝倉同盟

1568年，淺井長政迎娶織田信長之妹市之方，兩家因此締結同盟。而淺井家原與朝倉家同盟，後因織田家與朝倉家敵對，致使兩家關係惡化。

同盟 甲越同盟

上杉家的家督爭奪戰中，武田家以支持上杉景勝為契機，於1579年成立武田家與上杉家的同盟。對武田家而言，這是對抗織田家及北條家的策略。

和睦 毛利・織田和睦

1582年，豐臣秀吉在攻打中國地方的途中，獲悉織田信長死於本能寺之變，於是與交戰的毛利家和解。秀吉於短短一日達成協議，回師京都。

領土交涉 中國分封

豐臣秀吉從1583年後的數年間，於中國地方進行的領土分配。毛利家的領地受到此事影響而減少，秀吉麾下的武將們則是獲得新的領土。

淺井家

【家徽：三盛龜甲】

仿效吉祥物烏龜的龜殼花紋，再搭配菱形的花菱繪製而成的圖案。

淺井家的勢力圖

　　淺井家在長政的祖父亮政時，取代主君京極家掌握實權。繼任的久政雖然不得已而臣服於近江南部的六角家勢力之下，但反對此事的家臣們卻因此擁立元服不久的長政為當主，與六角家進行決戰，而後完成獨立。淺井家於此時與朝倉家建立同盟，但也因為重視雙方之間的同盟關係，選擇與織田家對立，最終遭到消滅。

1573年滅亡

1570年淺井家勢力　　　　　　1573年淺井家勢力

淺井家參與的主要戰役　　🏯=攻城戰　⚔=野戰

⚔ 1560年		
野良田之戰		六角軍攻打遭策反的高野瀨秀隆所駐守的肥田城，長政趕赴救援，於南方的野良田與六角軍作戰，以不到一半的兵力擊敗敵軍。
淺井軍 **VS** 六角軍		➤ **擊敗六角軍**

⚔ 1570年		
姊川之戰		織田・德川聯軍攻打近江，而與淺井・朝倉聯軍作戰。雖然淺井軍力戰織田軍，卻因德川軍從側面突擊朝倉軍，導致聯軍大敗。
淺井軍 **VS** 織田・德川聯軍		➤ **惜敗給織田・德川聯軍**

🏯 1573年		
小谷城之戰		織田軍於阿閉貞征倒戈後攻打小谷城，朝倉義景現身救援，卻反被擊退，甚至遭攻擊而滅亡。小谷城隨後淪陷，長政自盡身亡。
淺井軍 **VS** 織田軍		➤ **敗給織田軍後滅亡**

134

不忘舊恩的淺井家當主

淺井長政

Azai Nagamasa | 生卒年 | 1545年～1573年

戰鬥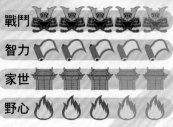
智力
家世
野心

出生地

近江國（滋賀縣）

以15歲之齡率領軍隊
成功從六角家獨立

　　長政是近江國北部的武將淺井久政的嫡子。淺井家起初效力於南近江守護六角家，在長政15歲元服時，家臣們起而反抗懦弱的久政，並且將久政流放後奉長政為新一任的當主。而後長政於野良田之戰擊敗六角軍，使淺井家從六角家獨立出來；之後長政接受織田信長的提議，兩家締結同盟。然而一向與淺井家交情匪淺的朝倉家卻和織田家交惡，家中出現反對同盟的聲浪。1570年，當信長和德川家康聯手入侵朝倉家領內時，長政選擇站在信長的對立面，3年後與朝倉家共同走向滅亡。

武將軼聞

重視與朝倉家之間的關係
背棄和信長的同盟

　　淺井家接受盟友朝倉家的支援，而得以對抗六角家。傳聞信長和長政結盟時，曾經附上不會攻打朝倉家的條件，由此可見他十分重視與朝倉家之間的關係。

Illustration: 虹之彩乃

磯野員昌

Isono Kazumasa	生卒年	生年不詳～1590年

戰鬥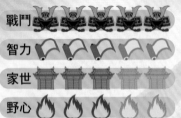

智力

家世

野心

出生地

近江國（滋賀縣）

員昌從淺井長政之父久政這一代開始，便侍奉於淺井家。磯野家最初與淺井家同樣皆為京極家的家臣，在長政的祖父亮政掌握權力時，便加入淺井家的麾下。對於決意與六角家對抗的長政而言，勇猛無比的員昌十分重要，他在和六角家作戰時大顯身手，並擔任淺井軍的先鋒。當淺井家於姉川之戰落敗時，由於員昌的居城佐和山城遭到孤立，因此只得向織田信長投降，成為信長部屬，不久後員昌便離開而去，也有一說是遭到流放。據說員昌在本能寺之變發生後，便選擇回到舊領地專心務農。

三度改仕主君
以農民身分終其一生

武將軼聞

令武勇流傳後世的戰績
姉川十一段崩

在姉川之戰中，員昌與織田‧德川聯軍作戰，傳說織田軍共布下13段陣線，卻被他突破了11段。儘管真假難辨，卻足以證明員昌具備相當程度的勇猛。

Illustration: 佐藤仁彥

因錯誤選擇而滅亡的重臣

阿閉貞征

Atuji Sadayuki

生卒年	1528年～1582年

戰鬥

智力

家世

野心

出生地：近江國（滋賀縣）

倒戈投向織田信長
跟隨明智光秀後喪生

　　貞征乃是淺井家的重臣，負責駐守距離淺井家根據地西方約5km的山本山城，乃是防衛淺井家領國交通要衝的重要人物。姉川之戰中，貞征雖奮勇力戰，對抗織田・德川聯軍，最後卻判定淺井家毫無勝算，因而臨陣倒戈，改投向織田信長的陣營，此舉也使得小谷城因此受到孤立，從而加速淺井家的滅亡。之後貞征擔任織田信長的旗本，並於本能寺之變時跟隨明智光秀；不幸的是，光秀後來又在山崎之戰中慘敗給豐臣秀吉。當貞征被秀吉追討逮捕之後，一族之人全數遭到處刑。

武將軼聞

因為與豐臣秀吉不合導致判斷錯誤？

　　傳聞貞征和統治近江北部的秀吉，曾為了琵琶湖竹生島一帶的境界劃分爭執，本能寺之變時也起兵攻打秀吉的城池。也許是因為兩人不合，導致他失去正確的判斷能力。

Illustration: 佐藤仁彥

137

朝倉家

朝倉家的勢力圖

朝倉家為南北朝時代盛極一時的名門，到了八代氏景時，掌握越前國（福井縣東部）一帶。由於與將軍家之間的關係，使朝倉家在室町幕府內擁有更多的發言權，但卻因為鄰近統治的加賀國國內一向眾等問題，導致領土無法進一步擴張。朝倉家的歷代當主大多為文武雙全之人，但在十一代義景時遭到織田信長消滅。

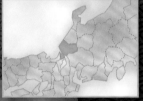

1548年朝倉家勢力

1573年滅亡

1573年朝倉家勢力

朝倉家參與的主要戰役　　🏯=攻城戰　⚔=野戰

⚔ 1506年 九頭龍川之戰	越前國遭到規模達10萬人的一向宗門徒入侵，朝倉宗滴趕來迎擊，雙方相隔九頭龍川對峙。宗滴於深夜渡河突襲，成功擊退。
朝倉軍　VS　一向眾	➡ 擊退一向宗門徒

⚔ 1570年 姉川之戰	織田・德川聯軍進犯近江國，與淺井・朝倉聯軍對戰。在展開陣勢時，遭到德川軍從側面突擊，最終朝倉軍不敵落敗。
朝倉軍　織田・德川聯軍	➡ 敗於織田・德川聯軍

🏯 1573年 一乘谷之戰	織田信長攻打淺井家小谷城，義景出兵救援，卻在撤軍時受到追擊而幾近潰散。朝倉家回到一乘谷城後繼續遭到攻擊而不幸滅亡。
朝倉軍　 織田軍	➡ 朝倉家滅亡

名門朝倉家最後的當主

朝倉義景

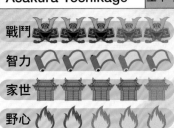

Asakura Yoshikage 生卒年 1533年～1573年

戰鬥

智力

家世

野心

出生地

越前國（福井縣東部）

於戰國亂世中遭淘汰
癡望和平的昏庸君主

義景之父朝倉孝景於1548年猝逝，他以16歲的年紀繼任，成為越前國朝倉家的第十一代當主。可惜侍奉朝倉家三代的一族名將朝倉宗滴於1555年病逝，家中找不到足以取代他的人才；此外，京都文化也於此時開始傳入朝昌家領內，致使義景熱衷於京都文化，而其性格也偏向公家更甚於武將。之後因為嫡子與深愛的妻子相繼過世，義景深受打擊之下更加廢弛政事，終日耽於酒色。由於出生名門世家，義景始終胸無大志，因而導致朝倉家最後只能走向滅亡一途。

武將軼聞

沒能打倒信長
皆因為領國過於和平所致？

義景最終遭到織田信長消滅，但相反地，他也曾有過數次打倒信長的機會；然而在安定的國家成長、胸無大志的義景卻始終態度消極，眼睜睜地讓機會溜走。

Illustration:NAKAGAWA

足利家

【家徽：二引兩】

一說 2 條線是仿照龍的模樣
而來，也有論點認為是以白
底畫線的陣幕作為原型。

足利家的勢力圖

　　鎌倉時代的有力武將足利尊氏，在打倒鎌倉幕府後開創室町幕府，足利家也就此掌握征夷大將軍一職。然而在四代將軍義持時，各地的守護大名勢力逐漸抬頭；自第八代到第十代這段期間失去權力；到了十五代將軍義昭時，更遭到織田信長逐出京都，室町幕府實質滅亡。其後義昭的子孫們皆剃度出家，直系就此斷絕。

1572 年足利家勢力

1573 年逐出京都

1573 年足利家勢力

足利家參與的主要戰役

🏯 = 攻城戰 　 ⚔ = 野戰

⚔ **1467 年～ 1477 年**

應仁之亂

二引兩 VS 山名

細川軍　　　山名軍

➡ **實質上沒有贏家**

自畠山家家督爭奪戰發端，演變成有力大名細川勝元與山名宗全的角力，連帶牽扯將軍的繼承人問題，終至爆發大規模的混亂。

🏯 **1565 年**

永祿之變

二引兩 VS 三好

足利軍　　　三好軍

➡ **幕府一時消滅**

極欲恢復將軍及幕府權威的第十三代將軍足利義輝，卻遭到松永久秀與三好三人眾暗殺。據說遇襲擊時義輝本人亦親自提刀奮戰。

🏯 **1573 年**

槇島城之戰

二引兩 VS 織田

足利軍　　　織田軍

➡ **足利軍投降**

足利義昭起兵反抗織田信長，於幕臣真木島昭光的槇島城進行籠城戰，最終在織田軍的包圍下投降，隔年義昭被信長逐出京都。

出師未捷身先死的劍豪將軍

足利義輝

Ashikaga Yoshiteru | 生卒年 | 1536年～1565年

戰鬥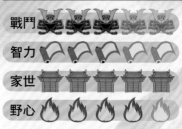

智力

家世

野心

出生地

山城國（京都府南部）

立志恢復幕府威信
卻遭到消滅

義輝是室町幕府第十三代將軍，11歲繼承將軍之位時，足利將軍家已是欲掌握幕府實權的有力大名的傀儡，想必義輝本身也期望重振聲威，因此便向人稱劍聖的塚原卜傳及上泉信綱等人學習劍術。義輝除了與眾大名交好之外，同時也積極介入調停大名之間的紛爭，以此彰顯將軍的地位。然而，義輝卻被欲掌控幕府的松永久秀及三好三人眾視為眼中釘，甚至企圖廢黜義輝的將軍職，並策劃暗殺行動。面對三好三人眾等人率領軍隊襲擊進犯，義輝親自揮刀作戰，最後仍因寡不敵眾而不幸戰死。

武將軼聞

阻擋在義輝的志向前方 幕府組織上的根本缺陷

義輝缺乏獨立的經濟基礎與大規模軍隊，在將軍權威一落千丈之際，憑一人之力並無法力挽狂瀾。義輝的才能，可說是受到組織設計上重大的缺陷所抑制。

Illustration：三好載克

141

室町幕府的最後一任將軍

足利義昭

Ashikaga Yoshiaki | 生卒年 | 1537年～1597年

戰鬥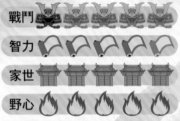

智力

家世

野心

出生地 山城國（京都府南部）

義昭是室町幕府的第十五代將軍。由於兄長義輝繼任成為第十三代將軍，依照慣例，義昭必須遁入佛門。1565年永祿之變發生後，義昭遭到松永久秀等人幽禁，後來在幕臣細川藤孝的協助之下逃脫，接著四處投靠諸大名，最後在曾為朝倉家家臣的明智光秀仲介下，投靠織田信長。義昭獲得信長的協助，終於完成上洛，再開幕府，就任第十五代將軍。然而之後義昭卻和欲一統天下的信長交惡，號召諸大名組織信長包圍網，可惜未竟全功，義昭反遭信長逐出京都，使得室町幕府實質上滅亡。

獲得織田信長的協助仍無法成功復興幕府

武將軼聞

投靠毛利家後在豐臣政權下回到京都

遭到流放的義昭隨後投靠毛利家，並且在豐臣秀吉平定九州後回到京都，辭去將軍一職。秀吉賜予他山城國槙島的領地，最後於此度過餘生。

Illustration: 三好載克

武藝與教養皆高人一等的武將

細川藤孝

Hosokawa Fujitaka | 生卒年 | 1534年～1610年

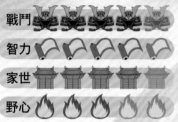

戰鬥 ▨▨▨▨▨

智力 ◗◗◗◗◗

家世 ▥▥▥▥▥

野心 ♨♨♨♨♨

出生地

山城國（京都府南部）

出身名門
文武雙全的超級武將

藤孝出身自與足利將軍家頗有淵源的細川家，在出家後改名，法號幽齋。他不僅學習劍術及弓術等各種武藝，成為一流的武士，同時也精通和歌與茶道等文藝，為當代少數深諳古今傳授的文化人。藤孝曾侍奉足利義輝及義昭，在義昭就任將軍時貢獻良多，然而卻在義昭與織田信長對立時，轉投成為信長的部屬，而後於信長手下持續活躍。雖然他與明智光秀關係密切，卻沒有在本能寺之變時協助光秀，而是將家督之位傳給兒子後出家；之後改仕豐臣秀吉與德川家康，以77歲的高齡享盡天年。

武將軼聞

充分體現「技藝有利無弊」
古今傳授的傳承者

古今傳授是指師父傳授弟子有關《古今和歌集》的解釋。關原之戰開戰前夕，藤孝遭遇石田三成的襲擊，幸而朝廷擔心古今傳授失傳，伸援仲介之下讓藤孝得以逃過一劫。

Illustration: 三好載克

【家徽：三足烏】

據說是鈴木家擔任熊野神社的神官時，由所供奉的八咫烏化為圖案而來。

擅使鐵砲的
傭兵集團

雜賀眾

雜賀眾的勢力圖

　　雜賀眾為居住在紀伊國（和歌山縣、三重縣南部）的工匠集團。他們一面製造鐵砲，一面培育射手，並接受諸大名的委託而出兵。雜賀眾曾於石山合戰中，協助與織田信長對立的本願寺顯如，之後遭到信長攻打，最後投降。本能寺之變後，雜賀眾勢力由反信長派的土橋家掌權，與豐臣秀吉對戰後落敗，最終遭到解散。

1585 年滅亡

1580 年雜賀眾勢力 　　1585 年雜賀眾勢力

雜賀眾參與的主要戰役
 🏯 = 攻城戰　✕ = 野戰

🏯 **1570年** **第一次石山合戰** 雜賀眾　VS　 織田軍	三好三人眾率先於石山本願寺舉兵，迎戰織田信長。雖然有部分雜賀眾加入織田軍，但後來全數跟隨之後參戰的石山本願寺軍。 ➡ **足利義昭調解下停戰**
✕ **1577年** **紀州征伐（織田信長）** 雜賀眾　VS　 織田軍	織田信長屢攻石山本願寺卻久久不下，將目標轉向作為主力及提供物資的雜賀眾身上；雖然他們奮力抵抗，卻因擔心領內荒廢而投降。 ➡ **向織田軍投降**
🏯 **1585年** **紀州征伐（豐臣秀吉）** 雜賀眾　VS　 豐臣軍	豐臣秀吉為了征服由土橋家主導的雜賀眾，以及根來寺、高野山等紀伊國獨立勢力，因此起兵討伐。雜賀眾於此役後遭解散。 ➡ **雜賀眾落敗**

與織田信長相爭的雜賀眾棟梁

雜賀孫市

| Saika Magoichi | 生卒年 | 生卒年不詳 |

戰鬥

智力

家世

野心

出生地

紀伊國（和歌山縣、三重縣南部）

戰國時代終結
成為水戶德川家的家臣

孫市是居住於紀伊國雜賀鄉周邊的地方豪族，雖號稱雜賀眾的棟梁，但真實身分未明，傳說他有可能是鈴木重秀或鈴木重朝等諸多人物所沿襲使用的名號，不過曾作為鈴木家當主這一點卻是千真萬確。孫市率領擅用鐵砲的雜賀眾，於石山合戰中加入本願寺一方，與織田信長作戰；然而當石山合戰結束後，轉而成為親近信長一派。本能寺之變發生時，雜賀眾改由反信長派的土橋家掌權，孫市被迫逃亡，之後仕官於豐臣秀吉麾下。最終秀吉於紀州征伐時征服雜賀眾，集團就此解散。

武將軼聞

成為水戶德川家重臣的孫市子孫們

雖然侍奉秀吉的孫市為鈴木重朝，但此人與過去的孫市是否為同一人卻不得而知。重朝最終仕官於水戶德川家，其子重次更收養藩主之子為養子，進而成為水戶藩的重臣。

Illustration: 佐藤仁彥

145

筒井家

筒井家的勢力圖

有關筒井家的起源眾說紛紜，目前是以擔任大神神社神官的大神氏一說最有力。筒井家是從大和國勢力極大的興福寺僧兵開始發跡，在順興、順昭父子時達鼎盛；順昭28歲去世時，領內遭到松永久秀侵略，其子順慶臣服織田信長，之後成為大和守護。子孫雖仕官於豐臣秀吉和德川家康，可是卻在定慶這一代絕嗣。

1581年筒井家勢力

1615年滅亡

1615年筒井家勢力

筒井家參與的主要戰役

🏯=攻城戰　⚔️=野戰

🏯 1565年～1568年

筒井城之戰

筒井軍　VS　松永軍

松永久秀與曾經敵對的三好三人眾聯手，奪取筒井順慶的筒井城；雖然一度奪回，卻又遭到獲得織田信長支援的久秀再度占領。

➡ **筒井軍落敗**

🏯 1571年

辰市城之戰

筒井軍　VS　松永軍

順慶為了攻下松永久秀的多聞城，重新興建辰市城。儘管遭遇久秀及三好義繼的援軍，但順慶仍成功地加以擊退。

➡ **筒井軍勝利**

🏯 1577年

信貴山城之戰

織田軍　VS　松永軍

織田信長率兵討伐叛變的松永久秀，筒井順慶則與明智光秀及細川藤孝等人一同出兵，信貴山城在久秀倒戈的舊臣引導之下淪陷。

➡ **在順慶的活躍下得勝**

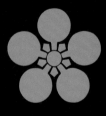

【家徽：梅鉢】

將梅花化為圖案，經常見於祭祀菅原道真的天滿宮，與天神信仰有極深的淵源。

筒井順慶

Tsutsui Junkei

生卒年	1549年～1584年	出生地	大和國（奈良縣）

　順慶是大和國的戰國大名，同時也是大和國內勢力極大的興福寺僧侶，精通和歌及茶道。他年僅2歲時便繼任家督之位，與搶奪居城的松永久秀展開數次戰鬥；而在臣服織田信長後成為大和守護，終於將宿敵久秀擊敗。

戰鬥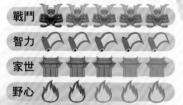

智力

家世

野心

Illustration:
藤川純一

島左近

Shima Sakon

生卒年	1540年～1600年	出生地	大和國（奈良縣）

　左近的前半生充滿許多謎團，似乎是從辰市城之戰開始出仕筒井家，但卻是在侍奉石田三成之後，才成為一位著名的名將。陷入苦戰的順慶能夠於辰市城一役中擊退松永久秀，或許是因為左近的加入，發揮極大作用也說不定。

戰鬥

智力

家世

野心

Illustration: 佐藤仁彥

本願寺

本願寺的勢力

　　1483年淨土真宗於京都建立山城本願寺，並作為根據地。1532年，本願寺勢力擴張，而被細川晴元及六角定賴等人視為一大威脅，致使山城本願寺遭到燒毀，之後便移往石山本願寺。在石山本願寺的時代，影響力甚至擴及西日本與北陸，並與織田家抗爭長達10年，最終落敗。此後，本願寺的勢力便逐漸分裂式微。

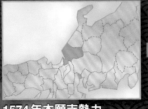

1574年本願寺勢力

1580年滅亡

1580年本願寺勢力

本願寺參與的主要戰役

🏯＝攻城戰　❌＝野戰

 1532年

山科本願寺合戰

 本願寺軍 VS **法華一揆眾**

視本願寺為一大威脅的細川晴元與六角定賴，以及京都的法華一揆眾，聯軍包圍山城本願寺，寺內所有建築皆無一倖免遭燒毀。

➡ **法華一揆眾落敗**

 1570年

野田城・福島城之戰

 本願寺軍 VS **織田軍**

三好三人眾於1570年舉兵，在攝津中嶋興建野田城及福島城，而後演變為與織田軍的鐵砲戰。本願寺軍馳援參戰，擊退織田軍。

➡ **擊退織田軍**

 1576年

天王寺合戰

 本願寺軍 VS **織田軍**

石山本願寺於1576年舉兵。雖然遭織田軍三方包圍，卻反擊擊敗木津的織田軍，並包圍天王寺，但後來又被信長的援軍擊退。

➡ **敗給苦戰的織田軍**

【家徽：下藤】

本願寺與九條家之間曾有收養關係，因此極有可能是從九條家的下藤所傳來。

織田信長最大的勁敵

本願寺顯如

| Hongan-ji Kennyo | 生卒年 | 1543年～1592年 |

戰鬥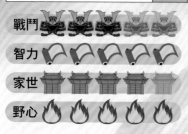

智力

家世

野心

出生地

攝津國（大阪府）

顯如是石山本願寺第十一世門主。顯如在成為門主後，隨即整合畿內及北陸各地的一向一揆，建立起一大勢力；因此織田信長於1568年上洛時，便將強大的石山本願寺視為一大威脅。不久雙方對立激化，最終爆發長達10年的石山合戰。

顯如與淺井、朝倉、武田、上杉等人締結盟約，組織信長包圍網。然而一向一揆遭到織田軍鎮壓，包圍網也被各個擊破瓦解，之後雙方於1580年議和，顯如也離開石山本願寺。而在信長死後，顯如與豐臣秀吉達成和解，並在京都完成復興本願寺的願望。

卓越的政治力與財力
令織田信長苦戰十年
戰國最強的一員

武將軼聞

難以攻陷的要塞
石山本願寺

顯如加強石山本願寺的防禦，四周為河川包圍，加上城塞高聳，是一座難以攻陷的要塞。山本願寺燒毀後，豐臣秀吉也充分利用此處地形，於本願寺舊址興建大坂城。

Illustration:NAKAGAWA

三好家

【家徽：三階菱】

三階菱為清和源氏武田一脈
的小笠原氏家徽，下方的釘
拔紋由墊片化為圖案而來。

三好家的勢力圖

三好家為管領細川家的被官，主要是以京都及攝津等地為中心，於畿內擴展其勢力範圍。至三好長慶一代時，與主家細川家對立；之後擊敗細川晴元及足利義晴等人，成為京都實質上的統治者。當長慶於1564年去世後，三好家的實權便落入松永久秀及三好三人眾之手，逐漸沒落，1573年時遭織田軍攻打而滅亡。

1577 年滅亡

1553年三好家勢力　　　　1577年三好家勢力

三好家參與的主要戰役　🏯=攻城戰　⚔=野戰

1549年
江口之戰

🔺 VS 🔺
三好長慶軍　三好政長軍　➡ 大敗政長軍

三好長慶與同族的三好政長對立，於江口城交戰。長慶在敵方援軍六角軍到達之前突襲江口城，政長等多名武將戰死。

1567年
東大寺大佛殿之戰

🔺 VS 🔺
三好軍　三好三人眾軍　➡ 義繼、久秀軍逆轉勝

長慶死後，松永久秀與三好三人眾為爭奪主導權而交戰。雖然三好三人眾占優勢，但擁立三好義繼的久秀卻突襲東大寺而得勝。

1573年
若江城之戰

🔺 VS
三好軍　織田軍　➡ 三好家滅亡

三好義繼與妻舅足利義昭共同反抗織田家，於1573年遭織田軍攻打。義繼在若江城展開籠城戰，不幸失敗而自殺。

下克上的奇才 亂世的梟雄

三好長慶

Miyoshi Nagayoshi | 生卒年 | 1522年～1564年

戰鬥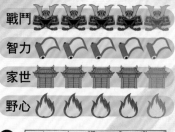
智力
家世
野心

出生地

阿波國（德島縣）

長慶的祖父三好長秀遭到主家細川家殺害，加上父親三好元長也在細川晴元的政治陰謀之下，被迫自殺。年紀輕輕就成為當主的長慶，不但領地遭到沒收，而且還被迫在晴元麾下效力。不過，智勇雙全的長慶在晴元手下相當活躍，不久後便要求細川家恢復其舊領，之後更進一步與細川家及將軍足利家對立。

1549年，長慶於江口之戰殺害細川家的親信三好政長，接著又流放細川晴元及足利義輝，成功完成下克上的目標，並且統治京都、大坂一帶，成為名副其實的天下人。

以下克上的武將
早於信長望眼天下

武將軼聞

戰國時代屈指可數的文化人
文武雙全的武將

長慶給人一種勇猛的印象，但實際上他也是一位屢次舉辦連歌會的文化人。據說著名的文化人細川藤孝（幽齋）與松永貞德，皆給予長慶不錯的評價，且十分敬重之。

Illustration: 譽

151

松永久秀

Matsunaga Hisahide 生卒年 1510年～1577年

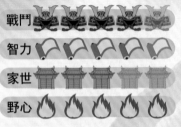

戰鬥
智力
家世
野心

出生地

山城國（京都府）

松永久秀侍奉三好長慶，曾在長慶與細川家抗爭、平定大和時立下戰功。儘管久秀深得長慶的信賴，但在長慶死後，久秀卻掌握三好家的實權，甚至暗殺足利義輝並擁立傀儡將軍，意欲操控幕府政權。後來久秀與三好三人眾之間的紛爭逐漸白熱化，致使三好家實力日益衰退；最後當織田信長攻打時，久秀向信長俯首稱臣。

雖然久秀加入信長麾下，但卻在諸大名布下信長包圍網時叛變；儘管一度得到赦免，但又於1577年再次舉起反旗。最後久秀將火藥裝入茶釜內引爆身亡，死狀甚為悽慘。

暗殺將軍
燒毀東大寺
惡名昭彰的叛徒

武將軼聞

同時身為一流茶人
與天下名器共赴黃泉

惡名昭彰的久秀其實也是一流的茶人，擁有天下名器平蜘蛛茶釜與九十九髮茄子。一般認為久秀自殺時，是將火藥裝入平蜘蛛茶釜內引爆身亡。

Illustration: 七片藍

不把傷勢看在眼裡的鬼十河

十河一存

Sogo Kazumasa	生卒年	1532 年～1561 年

戰鬥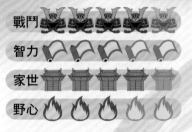

智力

家世

野心

出生地

阿波國（德島縣）

　　一存是三好元長的四子，後來成為勢力擴展至讚岐的十河景滋的養子，令三好家得以在四國地區確立了統治勢力。

　　一存是武藝超群的武將，與三好長慶於各地征戰，尤其在江口之戰中，和父仇三好政長交戰，一馬當先擊潰大軍。

　　而在長慶確立政權之後，一存也在軍事上輔佐兄長，擁有諸多貢獻，例如 1550 年的東山之戰、1558 年的北白川之戰，都能看見他在戰場上英勇奮戰的身影。可惜一存在 1561 年罹患重病，以 30 歲的年紀英年早逝，使得三好家的天下蒙上了一層陰影。

不屈勇將
輔佐三好長慶
拱上天下人之位

武將軼聞

不論傷勢大小皆毫不在乎
三好家的鬼十河傳說

　　據說一存的左腕曾在作戰中受傷，於是他將鹽巴灑入傷口內消毒，並且只以藤蔓代替繃帶稍加捆綁，隨即便回到戰場上，若無其事一般繼續作戰。

Illustration: 鯵屋槍志

守護攝津的忠臣

池田勝正

Ikeda Katsumasa

生卒年	1539年～1578年	出生地	攝津國（大阪府）

　勝正是守護攝津的攝津池田家當主，仕官於三好家。織田信長侵略攝津時，周邊的豪族一一屈服，只有池田家抵抗到最後一刻，儘管最後仍不敵投降，但勝正卻獲得信長的正面評價，不僅沒有遭到處刑，甚至獲得加封領地。

Illustration:
ue ☆ no

三好三人眾之首

三好長逸

Miyosi Nagayasu

生卒年	不詳	出生地	不詳

　長逸是三好家名將三好之長的孫子，在侍奉三好長慶時立下功績，因此被推崇為三好三人眾的一員。他誓言要徹底對抗上洛的織田信長，並與織田軍展開數次戰鬥，最後卻在1573年的攝津中嶋城之戰後不知所終。

Illustration:ue ☆ no

守護三好家的仁義之將

三好政康

Miyosi Masayasu

生卒年	1528年～1615年	出生地	不詳

　政康原是細川家家臣，侍奉長慶而活
躍於畿內地方，為三好三人眾的一員，
支持三好家。而後他在織田軍攻打時投
降，之後以秀吉家臣的身分回歸戰場；
雖然年事已高，仍在大坂夏之陣跟隨豐
臣家作戰，算得上是一名仁義之將。

戰鬥　◆◆◆

智力　▢▢▢▢

家世　▦▦

野心　🔥🔥🔥🔥🔥

Illustration:
ue ☆ no

三好家的發跡者

岩成友通

Iwanari Tomomichi

生卒年	生年不詳～1573年	出生地	不詳

　友通來歷不明，於三好家嶄露頭角，
並以三好三人眾的身分侍奉三好長慶。
之後與織田信長作戰時落敗，一度向信
長屈服，但在諸大名組織信長包圍網時
再度與信長敵對，最後於 1573 年的第
二次淀古城之戰時掉入護城河中溺死。

戰鬥　◆◆◆

智力　▢▢

家世　▦▦

野心　🔥🔥🔥🔥🔥

Illustration:ue ☆ no

忍者 相關

幕後活躍的黑暗居民

 ## 忍者是什麼樣的人們？

以戰國到江戶時代為題材的時代劇或故事、傳說，我們不時能在其中看到忍者的身影。戰國時代的忍者們各有不同的生存方式，有些會固定侍奉特定的大名，有些只在任務委託時才會受到僱用。現今日本的觀光勝地、號稱忍者故鄉的伊賀一帶，在戰國時乃是伊賀忍者與甲賀忍者居住的場所；另外像是相模國的風魔眾、出羽國的羽黑眾等，也都是著名的忍者軍團，可想見日本各地普遍有這類集團的存在。

忍者們的工作，不外乎潛入敵國，從事諜報活動，或者破壞敵人內部等，工作內容類似現代的間諜。有些忍者也會在戰爭時，以傭兵的身分於戰場上活躍。

服部半藏
侍奉德川家康的伊賀忍者首領，目前仍留有他在戰爭時率領忍者們作戰的紀錄。

忍者的主要工作

諜報

潛入敵國，收集各種情報的活動。比方打扮成農民這類較為低調的裝束，以便打聽消息，或者潛入警戒森嚴的地方進行調查等。

破壞

潛入敵國的武器庫或糧倉這類重要地點放火，瓦解敵方戰力。此外，散播謠言令敵國陷入緊張，也算是破壞活動的一種。

協助作戰

除了像一般士兵手持武器直接參與戰鬥，還有在己方部隊攻城時，潛入城內調查敵軍配置，或是打開城門引入自軍等任務。

忍者所使用的武器·道具

　　忍者為了達成各項使命，必須隨身攜帶各式各樣的道具，這類的道具便稱為「忍具」。忍者們為了方便攜帶，因此會儘可能將忍具製作得較為小巧精美，而且用途廣泛；除了大家耳熟能詳的手裏劍及捲菱之外，還有更多類型的忍具，種類琳瑯滿目，數量甚至多達30種以上。以下便將介紹幾個具代表性的忍具。

代表性的忍具──鎖鐮，這類忍具都能在博物館或歷史資料館中看到。

代表性的忍者道具

● 手裏劍 ●	● 苦無 ●	● 鐮刀 ●
投擲用的刀具，以十字形狀的十字手裏劍較著名。不過忍者實際常用的卻是棒狀的棒手裏劍。	一種雙刃的短刀，除了可藏在手中偷襲敵人之外，也可以當成攀爬時用來鑿壁使力的工具。	隨處可見的農具，即使拿在手上也不會令人起疑。此外，附有鎖鏈及砝碼的鐮刀，則稱為鎖鐮。
● 忍刀 ●	● 捲菱 ●	● 忍者裝 ●
忍刀比武士刀更短，便於攜帶。特色是筆直的刀刃與寬大的護手，因此也能作為上蹬時的踏臺。	一種附有尖刺的三角錐造型道具，在逃跑時可撒在路面上，用以防礙追兵，爭取時機。	夜間隱密活動時的裝束，顏色以茶色或紺色為主；黑色在黑夜中反而會更明顯，因此不會採用。

著名的忍者們

　　服部半藏與風魔小太郎可以稱得上是著名忍者中的代表人物，不過戰國時代其實還有其他不少名留青史的忍者。只是與武將不同，忍者原本就不屬於公開評價戰績的對象，因此也不會特意將他們的功績拿出來誇耀，所以現今流傳下來的實績紀錄也會有名不符實的情況發生。儘管有些忍者宛如超人一般，留下種種令人難以置信的傳說，但這些事蹟也可能是經過加油添醋而來，因此請讀者務必加以注意。

伊賀崎道順	侍奉六角家的伊賀忍者，為一名攻城高手。
出浦盛清	為一名擅長潛入敵城的忍者，侍奉真田家。
唐澤玄蕃	燒毀尻高城的火藥達人，為真田家家臣。
加藤段藏	因為過於優秀，反而為主君警戒的傳說忍者。
服部保長	服部半藏之父，曾經作為德川家康祖父的家臣。
藤林長門守	據說是曾經教導山本勘助忍術的伊賀忍者。
望月千代女	侍奉武田信玄的女性忍者，培養數百名女忍者。
百地丹波	天正伊賀之亂與織田家作戰，為伊賀的佼佼者。

毛利家

【家徽：長門三星】

毛利家之祖大江氏所創的家徽，由三武將軍星與表示第一的一字所組成。

毛利家的勢力圖

戰國時代初期，毛利家只不過是夾在大內家與尼子家之間求生存的小領主；然而在毛利元就成為當主後，毛利家完全臣服於大內家之下，也將兒子過繼給吉川家與小早川家作為養子。勢力擴大的毛利家趁著大內家因陶晴賢叛變而混亂之際，起兵征討晴賢後，也併吞大內家的領地，最後擊敗尼子家，統治整個中國地方。

1555年毛利家勢力

1579年毛利家勢力

毛利家參與的主要戰役

🏯=攻城戰　⚔=野戰

⚔ 1555年

嚴島之戰

毛利家 VS 陶家

毛利元就和掌握大內家的陶晴賢對立，元就占據嚴島，與進犯的陶軍作戰。最終在村上水軍的協助下，元就獲得勝利。

➡ **毛利軍大勝**

🏯 1582年

備中高松城之戰

毛利家 VS 織田家

豐臣秀吉受信長之命，攻打備中高松城。城主清水宗治堅守奮戰，在秀吉的水攻之下幾乎淪陷。而後發生本能寺之變，以議和收場。

➡ **與織田軍議和**

⚔ 1600年

關原之戰

毛利家 VS 德川家

秀吉死後，石田三成和德川家康之間的派系鬥爭演變成激烈戰鬥。毛利輝元雖擔任西軍總大將，卻未親自上陣，最後敗給東軍。

➡ **毛利軍大敗**

帶領毛利家成為西國第一的謀神

毛利元就

Mori Motonari　生卒年　1497年～1571年

戰鬥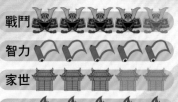
智力
家世
野心

出生地 安藝國（廣島縣西部）

元就從一介國人領主身分，費盡謀略而躍升成為西國第一大大名的名將。

元就繼任毛利家家督時，曾經一度效力大內家。但大內家歷經與尼子家交戰、陶晴賢謀反等事件後，家族聲勢開始搖搖欲墜，元就遂趁大內家混亂之際擴大勢力，更於1555年的嚴島之戰擊敗晴賢，併吞大內家的領地；接著再施以謀略，令尼子家內部出現混亂，最後成功統治整個中國地方。

元就最聞名於世的事蹟，便是善於在戰爭當中用計欺騙敵人或是離間敵軍，因此又被盛讚為戰國第一的智將及謀神。

歷練逾200場戰役
勝率7成以上
絕代的作戰高手

武將軼聞

勤於動筆熱衷教育
愛操心的父親

提到毛利元就，最有名的莫過於「三矢之訓」的故事了。不過這個故事其實是從元就寫給兒子們的家書〈三子教訓狀〉中截取出來，乃是後世的創作。

Illustration: 藤川純一

159

吉川元春

| Kikkawa Motoharu | 生卒年 | 1530年～1586年 |

戰鬥

智力

家世

野心

第2章

毛利家

吉川元春

出生地

安藝國（廣島縣西部）

　元春是毛利元就的次子，與胞弟小早川隆景同為建立「毛利兩川」體制的名將。

　元就為圖擴張勢力，因此將元春過繼給吉川家作為養子。而元春在繼承吉川家之後，隨即攻陷尼子家所統治的山陰地區，並且在1569年的月山富田城之戰中制伏尼子義久。之後元春為了鏟除尼子家殘存的勢力，與織田家對抗；雖然居於劣勢，卻仍奮力對抗秀吉，充分展現毛利家的韌性。

　元春一生中總共參與77場戰役，當中得到64場勝利，勝率在8成以上，可以說是一位成就不亞於父親元就的軍略家。

不輸父親元就的作戰天才

武將軼聞

像父親一樣勤於動筆？
《太平記》的抄寫

　《太平記》是描寫南北期時代紛爭的軍記物語，在戰國時代的武將之間廣為流傳，元春也對它愛不釋手，甚至在討伐尼子家時抄寫全書共40卷。

Illustration: 藤川純一

継承棋先一著智謀的智將

小早川隆景

Kobayakawa Takakage | 生卒年 | 1533年～1597年

戰鬥

智力

家世

野心

出生地

安藝國（廣島縣西部）

隆景是毛利元就的三男，也是支撐「毛利兩川」體制的名將。隆景與兄長元春一樣作為養子，被過繼到小早川家，兄長元春在軍事上對毛利家多有貢獻，而隆景則是致力於內政與外交，促進毛利家的發展。

隆景尤其具備卓越的先知灼見，在備中高松城之戰中，他竭盡心力與秀吉達成協議，即便得知信長去世才是談和的真正原因，但隆景仍然預料秀吉將得勢而選擇跟隨他，之後更協助秀吉征伐四國與九州。隆景不單使毛利家不致遭織田、豐臣政權侵略，而且還被推舉為豐臣家的重臣五大老。

守護父親建立的基業
於豐臣政權繁榮昌盛
深謀遠慮的智將

武將軼聞

秀吉軍師黑田官兵衛
也認同隆景的才能

秀吉的軍師黑田官兵衛也給予隆景很高的評價，雙方亦建立起良好關係。據說在隆景去世時，官兵衛曾悲嘆道：「從此以後日本就沒有賢者了」。

Illustration: 藤川純一

優柔寡斷嬌生慣養的大將

毛利輝元

| Mori Terumoto | 生卒年 | 1533年〜1625年 |

戰鬥

智力

家世

野心

出生地

安藝國（廣島縣西部）

輝元為毛利元就之孫，他繼承早逝的父親隆元，成為毛利家第三代家督。

毛利家在輝元的叔父吉川元春、小早川隆景等人的輔佐之下日益興旺，然而在兩位叔父相繼離開人世之後，毛利家便轉而開始沒落；雖然成為豐臣政權下的五大老之一，當石田三成與德川家康對立時，輝元卻被推舉為西軍的總大將。然而，輝元身為總大將，不僅沒有參與關原之戰，也沒有以西軍總大將身分採取積極作為，最後導致西軍慘敗；他在兩派之間採取觀望態度，後來喪失先祖傳下的安藝國等領地。

雖然優柔寡斷
卻是一名
深思熟慮的治世能臣

武將軼聞

若生於太平之世
便為一名優秀當主？

雖然世人普遍認為輝元是一位凡庸之輩，但是他竟能在德川政權下增加俸祿，並防止家中分裂，在內政面上發揮才能，可見他比較偏向於治世時發揮實力的類型吧。

Illustration: 藤川純一

具備先見之明的精英外交官

安國寺惠瓊

Ankokuji Ekei

生卒年	生年不詳～1600年	出生地	安藝國（廣島縣西部）

　惠瓊的智慧與口才頗得毛利元就的賞識，因而被提拔。他發揮卓越的外交能力，與攻打備中高松城的豐臣秀吉達成協議，維繫毛利家與豐臣家的關係；此外，他也活躍於四國征伐，成為深得秀吉信賴的大名。

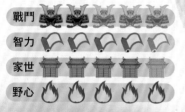

戰鬥

智力

家世

野心

Illustration:
藤川純一

忠肝義膽的武士楷模

清水宗治

Shimizu Muneharu

生卒年	1537年～1582年	出生地	備中國（岡山縣西部）

　宗治是在小早川隆景手下立下戰功的猛將，負責備中高松城的守備。他曾在豐臣秀吉的猛攻之下，反而立下斬殺數百名敵軍的戰功。儘管作為秀吉與毛利家的議和條件而切腹自殺，然而他的武士風範卻連秀吉也不禁感嘆不已。

戰鬥

智力

家世

野心

Illustration: 藤川純一

尼子家

尼子家的勢力圖

尼子家以出雲守護京極氏的守護代身分進入出雲，壓制國內眾豪族，而穩固出雲尼子家的基礎。當尼子經久繼任當主之後，更加擴大尼子家的勢力；然而在統治範圍擴及安藝與石見等地時，卻遭遇到大內家和毛利家的阻礙，最後遭到毛利家消滅。家臣山中鹿介曾試圖借織田家之力，復興尼子家，但最後不幸失敗而死。

1566 年滅亡

1525 年尼子家勢力 → 1566 年尼子家勢力

尼子家參與的主要戰役　█=攻城戰　✕=野戰

1523年		
鏡山城之戰		
VS		
尼子軍	大內軍	

尼子家與安藝國人聯手攻打鏡山城，戰事陷入膠著。效力尼子家的毛利元就策反敵軍，最後攻入城內取得勝利。

➡ 擾亂大內軍

1541年		
吉田郡山城之戰		
VS		
尼子軍	毛利軍	

尼子家為攻打叛變的毛利家而出兵，但開戰時便落居下風，於大內家援軍抵達後落敗。尼子家經過此戰後便一蹶不振。

➡ 尼子家落敗

1565年		
第二次月山富田城之戰		
VS		
尼子軍	毛利軍	

尼子家爭奪石見銀山落敗，毛利家再度攻打出雲。尼子家於月山富田城展開籠城戰，在斷糧與內部策反的打擊下淪陷。

➡ 毛利家消滅尼子家

【家徽：平四目】
義染的目結紋化為圖案。
尼子家屬於佐佐木一族，
竟使用佐佐木氏的家徽。

統治山陰的謀略天才

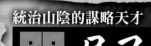

尼子經久

Amago Tsunehisa

生卒年	1458年～1541年	出生地	出雲國（島根縣東部）

　　經久繼任尼子家當家之位後，曾一度被逐出居城，而後他突破困境，於出雲確立戰國大名的地位，成為一代名將。然而在尼子家的接班上，卻接連遭逢嫡男戰死、三男謀反、孫子無能等問題，致使後代無力繼承他原有的領地。

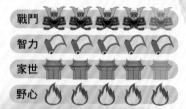

戰鬥

智力

家世

野心

Illustration:
海老原英明

執著於復興主家的忠臣

山中鹿介

Yamanaka Shikanosuke

生卒年	1545年～1578年	出生地	出雲國（島根縣東部）

　　鹿介是仕官於尼子家的忠臣，守護遭到毛利家壓制而日漸衰弱的尼子家並孤軍奮戰；尼子家滅亡後，他轉而策畫復興主家。雖然一度遭到毛利家逮捕，但後來成功逃脫，之後效力織田家，一直到去世之前仍持續與毛利家戰鬥。

戰鬥

智力

家世

野心

Illustration: 鯵屋槙志

宇喜多家

【家徽：劍酢漿草】
宇喜多家最著名的是兒島氏子孫使用的「兒文字紋」，原本的家徽為劍酢漿草。

宇喜多家的勢力圖

侍奉浦上家的宇喜多直家，利用向謀殺祖父的仇人島村盛實復仇，以及暗殺三村家親等手段，來提升自己在家中的地位。直家不久後與浦上家對立，倒戈投向毛利家並打敗浦上家，之後投靠織田家而擴大勢力。直家之子秀家在豐臣政權下成為獲封五十七萬石的大名，但在關原之戰時跟隨西軍，最終被流放至八丈島。

1600 年滅亡

1585年宇喜多家勢力　　1600年宇喜多家勢力

宇喜多家參與的主要戰役

🏯=攻城戰　⚔=野戰

1574年～1575年

天神山城之戰

宇喜多軍 **VS** 浦上家

➡ **宇喜多家勝利**

宇喜多家與浦上家作戰長達1年。直家利用外交與謀略，拉攏毛利家而取得勝利，並將備前、美作東部、播磨西部納入統治範圍。

1593年

碧蹄館之戰

日本軍 **VS** 明軍

➡ **日軍擊退明軍**

秀吉出兵朝鮮，日軍因明軍攻陷平壤而出現混亂，後來從三面包圍攻向漢城，擊退明軍。明軍傷亡人數高達6000人以上，堪稱傷亡慘重。

1600年

關原之戰

西軍 **VS** 東軍

➡ **東軍勝利**

宇喜多秀家以西軍主力的身分參戰，與東軍的福島正則展開激戰。後來小早川秀秋叛變而導致西軍潰敗，宇喜多隊也隨之全滅。

宇喜多直家

Ukita Naoie

生卒年	1529年～1581年	出生地	備前國（岡山縣）

　　直家為三大謀將之一，是以謀殺見長的武將，利用暗殺或謀殺政敵與仇敵來達到出人頭地的目的；不久後他也背叛主家浦上家，成為統治備前、備中的大名。據說就連親人與他會面都要抱著必死的決心，可說是相當可怕的梟雄。

戰鬥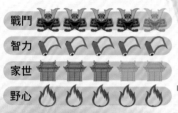

智力

家世

野心

Illustration:
樋口一尉

宇喜多秀家

Ukita Hideie

生卒年	1572年～1655年	出生地	備前國（岡山縣）

　　秀家在父親直家死後繼任家督，成為豐臣秀吉的部屬。秀家頗受秀吉寵愛，得到秀吉賜予名字中的「秀」字，名列五大老之位。然而秀家因為在關原之戰中參與西軍一方，戰後被家康流放至八丈島，排除於權力中樞之外。

戰鬥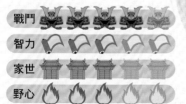

智力

家世

野心

Illustration: 樋口一尉

第2章　宇喜多家　宇喜多直家／宇喜多秀家

大內家

【家徽：大內菱】
也稱為山口菱，為菱紋的一種，造型是基於唐花的圖案設計而來。

大內家的勢力圖

大內家為鎌倉時代即發跡的名門，在大內義隆成為當主的一代時獲得7國的守護職，於西國建立起傲視群雄的勢力。大內家在經濟上與大陸通商往來，加上義隆鼓勵學問及藝術發展，使得長門得以繁榮昌盛，更有「西之京都」的美譽。可惜大內家在與尼子氏作戰以及陶晴賢謀反之後開始衰退，最終遭到毛利家併吞。

1557 年滅亡

1522 年大內家勢力　　　　1557年大內家勢力

大內家參與的主要戰役

🏯=攻城戰　⚔=野戰

🏯 **1541年**
吉田郡山城之戰
VS
大內軍　尼子軍

背離尼子家的毛利家加入大內家麾下，與尼子家交戰。大內家的援軍在元就守住尼子家的攻打後抵達戰場，最後擊退尼子家。

➡ **大內家勝利**

🏯 **1541年**
第一次月山富田城之戰
VS
大內軍　尼子軍

大內家得以進入出雲，但在尼子家的遊擊戰之下陷入苦戰，接著因為國人眾背叛而落敗，後繼的大內晴持也在撤退途中溺死。

➡ **大內家落敗**

⚔ **1557年**
嚴島之戰
VS
大內軍　毛利軍

大內家遭陶晴賢篡奪，不少家臣也隨之叛變，毛利家於此時舉起反旗。晴賢出兵攻打占據嚴島的毛利軍，卻反遭奇襲而潰敗。

➡ **大內家落敗**

大內義隆

Ouchi Yoshitaka

生卒年	1507年～1551年	出生地	長門國（山口縣南西部）

　　義隆將長門發展為擁有「西之京都」的美譽，憑藉經濟來擴張勢力。但後繼的晴持卻不幸在與尼子家作戰時死亡，致使義隆此後對政治漠不關心，終日埋首於詩歌當中，最後導致家臣們一一背叛，堪稱是內心如玻璃般脆弱的名將。

戰鬥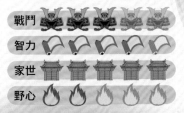
智力
家世
野心

Illustration:
みきさと

陶晴賢

Sue Harukata

生卒年	1521年～1555年	出生地	長門國（山口縣南西部）

　　晴賢為侍奉大內家的武將。他在攻打出雲的尼子家時大敗而歸，因此逐漸失去在家中的地位；後來發動叛變，掌握大內家實權，卻在嚴島之戰中落敗而自盡，最後造成大內家滅亡。雖為一位勇猛的武將，卻缺乏大名應有的器量。

戰鬥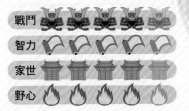
智力
家世
野心

Illustration: みきさと

169

宗教 相關

人們內心的支柱

戰國時代的宗教

對於戰國時代的平民平姓來說，不時因為捲入戰亂而失去財產及居住場所，甚至時常遭逢飢餓或流行疾病侵襲之苦，堪稱是一個嚴峻的時代。生活於其中的人們，大部分皆認為：「幸福在當今社會是一個奢侈的願望。」所以便尋求救濟，或者聚集有著相同痛苦遭遇的伙伴們，大家以堅定求生意志為目的，而開始加入宗教信仰團體。

戰國時代的日本，雖然清一色為佛教信徒，不過在與葡萄牙等歐洲國家交流的過程當中，天主教也隨之傳入日本島內，天主教信徒（又稱為吉利支丹）也在國內日益增加。

日本自古以來的宗教＝佛教

日本的佛教信仰，據說是在飛鳥時代傳入日本島內，當時以天皇為代表的掌權者不僅獎勵佛教信仰，更帶頭親自出家，讓佛教在全國各地廣為流傳，因而成為日本主要的宗教信仰。

不過佛教中也存在許多教義不同的宗派，比如戰國時代的日蓮宗、淨土真宗，即是以亂世救贖的口號作為號召，信徒更是逐漸增加；至於以一向一揆著名的一向宗，其實也是淨土真宗的一派，其總本山則是本願寺教團。

本願寺顯如

本願寺教團第十一世門主。本願寺的勢力在顯如時迎向最高峰，在戰國時代具有極大的影響力。

從外國傳入的宗教＝天主教

　　日本的天主教信仰，是由天主教傳教士方濟·沙勿略於1549年來訪日本時傳入。天主教最初在九州地區傳教，後來布教範圍延伸至四國及近畿地方。傳教初期，織田信長對天主教採取寬容的態度，而後的豐臣秀吉也沿襲這個方針，甚至在戰國大名當中，也出現了不少吉利支丹大名。

沙勿略傳入天主教，作為取代佛教的教派而大受歡迎，逐漸從西日本流傳開來。

宗教勢力與大名的對立

　　宗教可以說是人們生活在戰國時代的心靈慰藉，然而卻有些宗教狂熱分子聚集起來，組織群眾並且引發類似一向一揆的叛亂活動；他們甚至在總本山成立武裝部隊，發展為擁有可與大名匹敵的一大勢力，繼而與大名之間產生摩擦。另一方面，天主教雖然教導眾生平等，但對於統治者們來說，卻也是一個相當礙眼的存在，因此在對立加深的宗教勢力與大名之間，不時便爆發紛爭與衝突。

佛教勢力的抗爭

　　由於比叡山或石山本願寺這類宗教總本山享有治外法權，不適用外界法律，以致於犯罪者只要躲入總本山內便無法加以逮捕。這項特權也使得總本山擁有獨自的戰力，不服從大名要求的情況也時有所聞，因此促成多起大名與宗教勢力激烈對抗的事件，例如織田信長便曾火燒比叡山、鎮壓長島一向一揆，以及與石山本願寺長期死鬥等。

織田信長

持續與佛教勢力進行激烈戰鬥。信長以外的戰國武將似乎也因為宗教勢力而傷透腦筋。

天主教勢力的抗爭

　　豐臣秀吉起初雖以善意接納天主教，可是在發生吉利支丹大名攻擊其他宗教、葡萄牙人將日本人作為奴隸販賣等事件後，而於1587年頒布「伴天連（傳教士）追放令」。德川家康也在1612年發布禁教令，禁止國內的天主教信仰。反抗的天主教徒們於1637年爆發島原之亂，遭到幕府軍鎮壓，倖存的信徒們被迫成為地下教徒。

豐臣秀吉

最初採取寬容態度，後來因經常引發問題，於是決意禁教，不少大名也因此被迫改變信仰。

長宗我部家

【家徽：七之酢漿草】

圓內有七片酢漿草，為一種罕見的家徽；酢漿草同時也包含子孫繁榮的意思。

長宗我部家的勢力圖

在長宗我部國親的時代，長宗我部家並沒有達成統治土佐一國的目標，而是由繼任家督的元親完成土佐的統一。儘管如此，元親仍舊費了一番工夫，才將三好家及河野家等本州勢力驅逐出去；然而在完成四國的統一之際，卻得面對豐臣秀吉一統天下的野心。最終長宗我部家選擇臣服秀吉，並保有土佐一國的勢力範圍。

1569 年長宗我部家勢力

1585 年長宗我部家勢力

長宗我部家參與的主要戰役　　🏯=攻城戰　⚔=野戰

⚔ 1575年	
四萬十川之戰	
vs	一條家當主因內亂遭到流放，使得長宗我部家崛起。一條兼定以收復失土為目標而起兵，元親則於四萬十川迎擊並將其擊敗。
長宗我部軍　一條軍	

➡ 長宗我部軍統一土佐

⚔ 1587年	
戶次川之戰	
vs	長宗我部家參與秀吉的九州征伐，與島津軍於戶次川交戰，卻因島津的「釣野伏」戰術而潰敗，元親也在此役中失去嫡子信親。
豐臣軍　島津軍	

➡ 豐臣軍潰敗

🏯 1615年	
大坂夏之陣	
vs	遭到改易而成為浪人的長宗我部盛親，以復興家族為條件加入豐臣秀賴軍。盛親在八尾·若江之戰中落敗，最後遭到家康斬首。
豐臣軍　德川軍	

➡ 豐臣軍落敗

從懦弱的姬若子成長為一名猛將

長宗我部元親

| Chosokabe Motochika | 生卒年 | 1539年～1599年 |

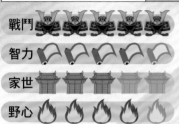

戰鬥
智力
家世
野心

出生地

土佐國（高知縣）

從一介土佐土豪
躍升為戰國大名的
四國英雄

　　元親是統一土佐的猛將，年少時期個性軟弱，因而被戲稱為「姬若子」（像女孩子的男孩），直到22歲才初上戰場，不過其才能卻在初次上陣時展露無遺。他按照家臣指導，活躍於戰場上，得到家臣一致讚賞並改稱他為「鬼和子」。

　　元親不久後便繼任家督，接著耗費8年一統四國，但最後卻向豐臣秀吉投降，只保全了土佐一國的領地。

　　元親在豐臣政權下參與九州征伐，與島津家作戰時失去嫡子信親。此事令這位對親人及家臣親切的仁君大受打擊，後來更喪失原有的霸氣。

武將軼聞

統一四國的原動力
精銳的一領具足

　　一領具足是一種兵農合一的兵制，士兵平時務農、戰時穿上一領（一整套）具足（盔甲）作戰。元親便是率領這些精銳的一領具足，完成統一四國的大業。

Illustration: 樋口一尉

香宗我部親泰

Chosokabe Chikayasu	生卒年	1543年～1593年

戰鬥
智力
家世
野心

出生地

土佐國（高知縣）

親泰是長宗我部國親的第三子，也是元親之弟，而後成為土佐名門香宗我部家的養子，隨後繼任家督。他跟隨立志統一四國的兄長於各地征戰，立下擊敗三好家等戰功。

親泰不僅武藝超群，外交上也充分發揮過人才能，長宗我部家即是在他的交涉下與織田軍締結同盟。當信長去世時，親泰與柴田勝家、德川家康、織田信雄等人交涉，致力於建構反豐臣秀吉的體制；雖然最後敗在秀吉手上，卻仍展現出色的外交能力。可惜親泰卻於1593年前往朝鮮的途中猝逝，帶給長宗我部家沉重打擊。

長宗我部元親
最為信賴
智勇雙全的名將

武將軼聞

**主家長宗我部斷絕之後
香宗我部家的香火依舊延續**

長宗我部家於大坂之陣因跟隨豐臣方而落敗，直系一族遭到斬首，就此斷絕；反觀香宗我部家雖一度下野，但之後又再度出仕佐倉藩及仙台藩，使得家族之名得以存續。

Illustration: 米谷尚展

極欲復興家族的悲劇武將

長宗我部盛親

Chosokabe Morichika | 生卒年 | 1575年～1615年

戰鬥

智力

家世

野心

出生地

土佐國（高知縣）

　　盛親是元親的四子，因元親指名而繼任家督，為一名身材高大且器宇軒昂的武將。

　　成為長宗我部家繼承人的盛親，曾與父親一同參與小田原征伐和朝鮮出兵等戰役，立下不少戰功，可是在他繼任家督之後卻爆發了關原之戰。盛親本欲加入東軍，但因為去路遭到西軍阻擋，被迫只能以西軍的身分參戰；最終長宗我部家因西軍落敗，而遭到領地沒收及改易的命運。

　　成為浪人的盛親，在大坂之陣時以復興家族為條件加入豐臣軍，可惜豐臣家戰敗滅亡，盛親也不幸遭到家康斬首。

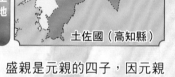

為了復興家族
持續戰鬥
堅持至最後一刻

武將軼聞

忍辱負重與高風亮節
兼具兩項特質的男子

　　盛親於大坂之陣落敗後，曾經放下面子，以出家為條件，希望能夠保全性命。然而當家康決定處以斬首之刑時，他也沒有流露出一絲怯意，最後以坦蕩的態度從容就義。

Illustration: 海老原英明

拯救主家滅亡危機的忠臣

谷忠澄

Tani Tadasumi	生卒年	1534年～1600年

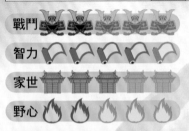

戰鬥
智力
家世
野心

出生地 土佐國（高知縣）

為了長宗我部家 甘願獻上性命的忠臣

宗澄原為土佐神社的神官，被長宗我部元親看中而成為其家臣，主要活躍於外交上，但同時也是能夠隨時為長宗我部家奉獻生命的忠義之士。

當豐臣秀吉展開四國征伐，忠澄體認到己方的勝算微乎其微，因此主張投降。然而這個主張並未獲得元親的認同，甚至要求忠澄切腹；忠澄鍥而不捨，終於讓元親答應投降。雖然長宗我部家因此遭到減封，卻也逃過滅亡的危機。

此外，元親的嫡子信親在秀吉進行九州征伐時戰死，忠澄為了元親而捨命殺入敵陣，最後領回信親的遺體。

武將軼聞

原為神官卻善於作戰？縱使情勢極為不利仍奮勇作戰

忠澄不但以外交見長，在戰場上也發揮勇猛本領。豐臣秀吉征討四國時，忠澄於一宮城展開籠城戰，從水源被截斷到撤退的期間，他只憑5000兵力抵擋豐臣方5萬大軍。

Illustration: 米谷尚展

吉田孝賴

Yoshida Takayori

生卒年	1496年～1563年	出生地	土佐國（高知縣）

　　孝賴是自長宗我部元親之父國親這一代便開始侍奉長宗我部家的家臣，也是一位老奸巨滑、善於謀略的參謀，不僅深得主君信賴，還迎娶國親之妹為妻。他最大的貢獻就是將名為一領具足的半農半兵地侍組織化，並且加以活用。

戰鬥

智力

家世

野心

Illustration:
米谷尚展

長宗我部家的猛將

福留親政

Hukudome Chikamasa

生卒年	1511年～1577年	出生地	土佐國（高知縣）

　　親政是一名深受長宗我部元親信賴的猛將，同時獲賜元親的名字「親」字。當長宗我部軍攻打本山時，他不畏敵方大軍，殺入敵陣當中，因此被譽為「福留的荒切」。而元親對於他的活躍，一共頒發了約21次的戰功感狀。

戰鬥

智力

家世

野心

Illustration: 米谷尚展

一條家

【家徽：下藤】

一條家為藤原北家的一脈，使用證明家世的藤紋，形狀與九條家同樣皆為下藤。

一條家的勢力圖

應仁之亂中逃往京都避難的一條教房，即土佐一條家的始祖。在確立世代統治後，一條家便成為公家大名，雖然在土佐當地幾乎不曾擴大勢力，主要是作為國人之間的調停者；到了一條兼定這一代，卻奪取長宗我部家的領土。不久後，廢弛政事的兼定遭到家臣流放。儘管兼定之後試圖收復領地，最後卻未能實現願望。

1560年一條家勢力

1575 年滅亡

1575年一條家勢力

一條家參與的主要戰役

🏯=攻城戰　⚔=野戰

1546年

蓮池城之戰

 VS

一條軍　　大平軍　　➡ 一條軍勝利

一條家第四代當主房基為了擴張勢力，不僅從大平氏手中奪下了蓮池城，更將高岡郡一帶納入統治範圍。但房基後來卻自殺。

1567年～1568年

伊予出兵

VS

一條軍　　河野軍　　➡ 一條軍落敗

一條家與大友家聯手入侵南伊予，但與河野家作戰時陷入膠著，此時毛利家向河野家派出援軍，致使一條家傷亡慘重，國力衰退。

1575年

四萬十川之戰

 VS

一條軍　　長宗我部軍　 一條軍大敗

一度被逐出土佐的兼定，重返伊予宇和島後起兵，與長宗我部激戰；但在率領一領具足的長宗我部軍面前，沒多久便潰不成軍。

一條兼定

Ichijo Kanesada

生卒年	1543年～1585年	出生地	土佐國（高知縣）

　　兼定自幼便繼承一條家，並且在祖父與家臣的協助下統治領內，然而卻和以統一土佐為目標的長宗我部元親對立，致使領土一一遭到掠奪。不久之後，兼定便因廢弛政事而遭家臣流放，儘管一心期望復興，卻終究未果而病逝。

戰鬥	
智力	
家世	
野心	

Illustration:
みきさと

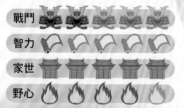

安藝國虎

Aki Kunitora

生卒年	1530年～1569年	出生地	土佐國（高知縣）

　　國虎是以英勇著稱的土佐豪族，也是一條兼定的盟友。雖然是長宗我部家統一土佐過程中最大的障礙，但在八流之戰中敗給長宗我部元親，而後自盡；由於部下對他十分景仰，在他自殺時，也有不少重臣也追隨在後一同殉死。

戰鬥	
智力	
家世	
野心	

Illustration: みきさと

島津家

島津家的勢力圖

　　島津家雖擁有大隈與薩摩等廣大領土，卻因內部紛爭不斷而衰退，在十五代家督貴久時平定內亂，到了十六代家督義久這一代開始快速發展，並擊退趁世代交替時攻打過來的伊東家，接著又打敗伊東家投靠的大友家。島津家以此契機趁勢北上，除了豐後、豐前少部分土地之外，幾乎整個九州都成為他們的勢力範圍。

1560年島津家勢力

1586年島津家勢力

島津家參與的主要戰役

🏯=攻城戰　⚔=野戰

⚔ 1578年		
耳川之戰		
⊕	VS	🌰
島津軍		大友軍

遭島津家流放的伊東家寄身北九州的大友家。大友家率領大軍攻打島津家，陣形因追擊而拉長，島津家突襲最後扭轉戰況得勝。

➡ **島津軍大勝**

⚔ 1584年		
沖田畷之戰		
⊕	VS	✳
島津軍		龍造寺軍

龍造寺家趁著大友家衰退時崛起，有馬家卻背離轉而尋求島津家支援。雙方於沖田畷激戰，島津軍擊退兵力占優勢的龍造寺軍。

➡ **島津軍大勝**

🏯 1600年		
關原之戰		
⊕	VS	❁
島津軍		德川軍

島津軍以西軍的身分作戰，卻被孤立於敵陣中，於是計畫突圍撤退。在付出慘痛代價後，島津義弘總算成功地脫逃。

➡ **島津軍敗退**

【家徽：圓內十字】

原本只有十字圖案，後來加上外圓。關於十字的意義眾說紛紜，據說代表 2 條龍。

具備協調整合能力的名將

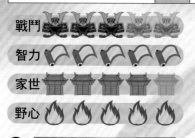

⊕ 島津義久

Shimazu Yoshihisa | **生卒年** 1533年～1611年

戰鬥

智力

家世

野心

出生地
薩摩國（鹿兒島縣西部）

如同操作手腳般
調度戰國最強軍團
稱霸九州

義久是島津家第十六代的當主，率領以武勇與謀略見長的一族，使九州的統一大業近在咫尺。擁有強大一族與家臣的義久，在繼任家督後隨即大敗伊東家，接著在耳川之戰又擊敗伊東家所投靠的大友家，並藉著這股氣勢勢上；在打敗龍造寺家之後，只差一步就能完成九州統一，最後卻在豐臣秀吉展開九州征伐時臣服。

義久雖然以破竹之勢稱霸九州，不過實際上只有耳川之戰是由他親自指揮，其他戰役則是靈活調度優秀的弟弟及家臣團而取得勝利，可說是一名具備協調整合能力的名將。

武將軼聞

意外地迷信怪力亂神？
靠占卜來決定作戰方針

義久會抽籤占卜戰爭吉凶，有時甚至也會依照占卜結果改變作戰策略；儘管這可以視為義久優柔寡斷的證明，但也有人認為他是利用動過手腳的籤來整合家臣們的意見。

Illustration: 中山けーしょー

181

立下傳說戰功的鬼島津

島津義弘

Shimazu Yoshihiro | 生卒年 | 1535年～1619年

戰鬥

智力

家世

野心

出生地

薩摩國（鹿兒島縣西部）

　　義弘為島津四兄弟的次男，也是義久之弟，在兄弟當中立下最多功勞，對島津家的發展貢獻良多。

　　義弘一生從初次上陣到關原之戰，參與無數場戰役，並且立下不少戰功；尤其在與伊東家交戰的木崎原之戰、大有家的耳川之戰中，他皆大敗兵力占優勢的敵軍而取得勝利。而在關原之戰中，島津家受東軍追擊時仍能強行突破敵陣，雖然義弘本人在此役中付出慘痛代價，但仍平安生還。

　　擁有卓越軍事能力的義弘，可說是取得天下的豐臣家與德川家最為敬畏的男人。

令島津之名 響徹天下的鬼神

武將軼聞

雖然作戰時有如惡鬼一般
卻對部下愛護有加

　　義弘在學問、醫術、茶道等方面也是一名相當優秀的文化人。不僅如此，他也十分重視家臣，甚至不忘照顧每位士卒，因此深受部下們的愛戴。

Illustration: 中山けーしょー

為島津犧牲奉獻的悲劇智將

⊕ 島津歲久

Shimazu Toshihisa　生卒年 1537年～1592年

戰鬥 ★★★★☆
智力 ★★★★★
家世 ★★★☆☆
野心 🔥🔥🔥🔥🔥

出生地
薩摩國（鹿兒島縣西部）

歲久為島津四兄弟的三男。他不像義弘或家久總是站在最前線作戰，大多擔任軍師，同時也具備優異的內政手腕，從幕後支持島津家統一九州。

擁有先見之明的歲久，認為豐臣秀吉必定有過人之處，因此在九州征伐時主張投降；可是島津家並未採納他的意見，和秀吉抗戰之後落敗。

不過，歲久在戰爭開打時一反過去態度，決定抗戰到底；島津家投降後，他也一直採取反抗作為，最後被秀吉懷疑有謀反的嫌疑而遭處刑。但幸虧有歲久一力承擔秀吉的憤怒，使得島津家得以存續下去。

於背後支撐島津家
賭上一己性命
令家族不致滅亡

武將軼聞
事蹟為後人尊崇
故而成為薩摩之神

歲久在臨終前曾經說道：「總算體會到女性生產時有如快要死去的痛苦，希望這個痛苦在死後能稍微減輕一些。」後來歲久在平松神社中便是作為戰神與安產神來供奉。

Illustration: 中山けーしょー

183

島津家久

Shimazu Iehisa | 生卒年 | 1547年～1587年

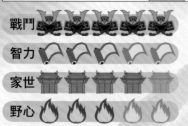

戰鬥

智力

家世

野心

出生地
薩摩國（鹿兒島縣西部）

家久為島津四兄弟的末子，在指揮作戰方面是兄弟當中最為出色的一位武將，並於無數戰役中發揮善戰的本領。

當島津家與肥後的龍造寺家於沖田畷展開激戰時，家久憑藉釣野伏戰術，擊破兵力數倍於己方的龍造寺軍；而當豐臣家征伐九州時，他也在戶次川之戰擊敗豐臣軍的先遣部隊，令長宗我部信親等數位名將於此役中戰死。此外，家久也善於巧妙利用地形，靈活調度士兵，充分發揮其卓越才能。

可惜家久在41歲英年早逝，未能運用他的才幹，協助島津家度過之後面臨的最大危機。

締造島津最強傳說
時不我與的作戰高手

武將軼聞

島津的家傳戰法
什麼是「釣野伏」戰術？

島津家所擅長的「釣野伏」戰術，是安排士兵隱藏在本隊的左右兩側，等到敵軍進攻時，從三方包圍的作戰方式，這也是扭轉敵眾我寡局勢的一種策略。

Illustration: 中山けーしょー

拯救島津家未來的英傑

⊕ 島津豐久

Shimazu Toyohisa

生卒年	1570年～1600年	出生地	薩摩國（鹿兒島縣西部）

　豐久是島津家久之子，對島津家的貢獻不亞於父親。關原之戰中島津軍被逼入絕境之際，他以必死的決心作戰，設下「捨奸」（誘餌）戰術阻止敵軍，最後壯烈犧牲，令島津家不可或缺的島津義弘得以逃脫，藉此守護了島津家。

戰鬥

智力

家世

野心

Illustration:
中山けーしょー

令最新武器鐵砲國產化的有功之人

▲ 種子島時堯

Tanegashima Tokitaka

生卒年	1528年～1579年	出生地	大隅國（種子島）

　時堯為種子島的領主，也是島津家的家臣。他擁有旺盛的好奇心，在葡萄牙人漂流至種子島時，對他們手上的鐵砲深感興趣，於是請鍛冶工匠研究構造，成功做到自主生產。這些國產鐵砲也為戰國時代的軍事帶來劃時代的變革。

戰鬥

智力

家世

野心

Illustration: 中山けーしょー

第2章

島津家

島津豐久／種子島時堯

185

戰鬥武器 相關

合戰中使用的各種武器

戰國時代的武器

　　戰國時代中，由於全國各地無不展開激烈戰鬥，因此針對戰場上所使用的武器，也持續不斷地從事改良精進。而在前所未見的新武器——鐵砲（火繩槍）出現之後，也隨之改變了合戰的形式。本專欄將會詳加說明各種武器的使用方式。

戰國時代所使用的鐵砲。由於它的威力強大，幾乎可以左右戰局，因此在日本廣為流傳。

戰國時代的主要武器

槍

　　槍是一種在長柄前端裝上刀刃的武器，無須接近敵人便能夠發動攻擊，以足夠的人數排列成縱隊時也能發揮威嚇敵人的作用，因此經常作為一般士兵的武器。最先與敵人短兵相接的部隊或個人便稱為「一番槍」，由此可以證明長槍乃是最為普及的一種武器。

　　長槍根據刀刃的形狀，可分為素槍、鐮槍、片鐮槍、十字文字槍等各種類型。由於刀刃面積較大的長槍不但價格昂貴，而且也難以運用，屬於特別為著名武士打造的武器，一般士兵則是使用素槍為主。

本多忠勝
可將停在槍刃上的蜻蜓切成二半而得名蜻蛉切，乃是這位長槍高手的愛槍。

可兒才藏
寶藏院槍術的高手，合戰中取下不計其數的敵軍首級，為武功高強的長槍達人。

刀

刀和長槍皆為常用的武器之一。由於刀的長度較長槍短小，與持槍的敵人作戰時往往落居下風；不過在敵我雙方混戰、或是屋內作戰這類難以揮舞長槍的場所時，卻是刀具較占優勢。此外，長槍有時也會出現折斷或刀刃脫落的情況，這時候刀便能派上用場。一般士兵所使用的刀稱為打刀，這種刀具不僅長度較短，而且因為是大量製造，品質不佳；而武將們則是佩戴名刀匠的作品。

立花宗茂
精通劍術及弓術等武藝，並取得新影流劍術的資格。

弓

時常作為狩獵工具的弓箭，在戰場上也成為一種強力的武器。比起大陸主流的弓箭，日本的弓箭要來得大，以較強的力量將箭射向遠方。根據歷史學家的調查，戰國時代在戰爭中受傷的人數裡，有40％左右是因為弓箭射傷，另外有20％是鐵砲擊傷、4％為刀傷。相較之下，弓箭所造成的數字明顯占了壓倒性的多數，這也反映出對士兵而言，弓箭乃是一樣相當危險的武器。

足利義輝
為著名的劍豪將軍，也是一名接受過小笠原流指導的弓術達人。

鐵砲

1543年，漂流到種子島的葡萄牙人向日本人實際展示鐵砲，令當時的人們大為震驚。當地領主種子島時堯買下這些鐵砲，並且命鍛冶刀匠複製，成功地達成鐵砲的量產；不久之後，堺地、根來、國友等地皆相繼成立鐵砲鍛冶所，這種新式武器也於全國廣為流傳。

雖然鐵砲有著價格昂貴和雨天無法發射的缺點，但威力卻遠勝於弓箭。織田信長壓制鐵砲的生產地後，便將鐵砲收集起來並加以活用，使得往後合戰的作戰方式逐漸轉變為以鐵砲為中心。

種子島時堯
對鐵砲深感興趣，令工匠加以仿製，為鐵砲在日本普及作出莫大貢獻。

雜賀孫市
為鐵砲傭兵集團雜賀眾的首領。曾在石山合戰中加入本願寺軍，令信長陷入苦戰。

大友家

【家徽：抱杏葉】

杏葉為一種馬具的裝飾品，最初是從西亞流入中國，盛行於唐朝，最後傳入日本。

大友家的勢力圖

　　大友家是從鎌倉時代即發跡的武家名門，統治豐後一國，在1557年大內家滅亡時擴展勢力，將周遭6國納入統治範圍。然而在大友宗麟一代時，卻因為信仰天主教而令領內出現內亂，於耳川之戰中慘敗給島津家，在家臣相繼謀反、島津家的攻打之下逐漸衰敗。最後宗麟請求豐臣秀吉協助，才勉強保住豐後一國。

1566年大友家勢力

1586年滅亡

1586年大友家勢力

大友家參與的主要戰役

 =攻城戰　　 =野戰

X 1569年	大友軍於立花山城附近，與吉川元春、小早川隆景的軍隊作戰，立花道雪對小早川軍發動猛攻，並攻擊敵軍後方，最後大勝而歸。
多多良濱之戰　大友軍 VS 毛利軍	➡ **大友軍勝利**

X 1578年	宗麟率領大軍遠征日向，阻止島津家北上。雖然大友軍在兵力上占優勢，陣形卻在追擊時拉長，反遭逆襲之後落敗。
耳川之戰　大友軍 VS 島津軍	➡ **大友軍落敗**

X 1600年	大友家在關原之戰選擇跟隨西軍，為收復舊領而攻打豐後，與黑田官兵衛作戰；雖然擊敗先遣部隊，但在援軍抵達後不敵撤退。
石垣原之戰　大友軍 VS 黑田軍	➡ **大友軍落敗**

大友宗麟

| Otomo Sorin | 生卒年 | 1530年～1587年 |

戰鬥

智力

家世

野心

出生地

豐後國（大分縣）

心中懷抱信仰
意圖打造
天主教王國

宗麟在經歷家中大亂的『二階崩之變』之後，繼任大友家的家督，後來因勁敵大內家滅亡，成功地擴張勢力範圍。

然而在宗麟受洗成為天主教徒之後，大友家卻也開始發生轉變。由於宗麟十分熱衷於基督信仰，下令將領內的寺社佛閣悉數破壞，使得人心背離而相繼叛變。大友家在敗給島津家之後，勢力亦逐漸衰敗，宗麟迫不得已向豐臣秀吉稱臣，最終保全豐後一國的領土，也解除了大友家滅亡的危機。而後在秀吉下令禁教，宗麟也放棄自己的信仰，最終失去身為大名的野心。

武將軼聞

信仰天主教
仁慈的吉利支丹領主

宗麟在領內興建西洋醫學診所，讓領民可以免費接受診療。雖然他因為破壞寺社而招致領民們背叛，但宗麟本身卻是一名極為仁慈的大將。

Illustration: みきさと

立花道雪

Tachibana Dosetsu | 生卒年 1513年～1585年

戰鬥

智力

家世

野心

出生地

豐後國（大分縣）

　道雪侍奉大友家，並於各地征戰，是支持主君的名將。在宗麟繼任大友家家督不久後，大內家即滅亡，道雪遂趁機奪取大內家的舊領地，協助大友家擴大勢力範圍；此外，他也曾經於多多良濱一役中，擊退毛利家的名將吉川元春與小早川隆景所率領的軍隊。

　道雪無論在統率軍隊還是指揮作戰方面均相當優秀，全心全力阻止毛利家侵略，因而無法在宗麟的身邊加以輔佐，間接導致大友家衰敗。然而當家臣一一背叛主家時，道雪仍始終如一竭盡忠誠，可說是充分展現理想武士風骨的武將。

忠誠如一
為了主君武勇奮戰
雷神的化身

武將軼聞

**曾拔刀劈開閃電
而得到雷神的美名**

　道雪年輕時遭遇落雷，在即將被打中時拔刀劈開閃電而得救。雖然腳上受傷，但他作戰的能力並未因此衰退，後來便逐漸被人稱為「雷神」了。

Illustration: みきさと

接受雷神指導成為武神

立花宗茂

Tachibana Muneshige | 生卒年 1567年～1642年

戰鬥 

智力

家世

野心

出生地

筑前國（福岡縣西部）

第2章

大友家

立花宗茂

武勇的英傑
贏得眾人賞識

宗茂是與立花道雪並稱的名將——高橋紹運的長子。膝下無子的道雪看中宗茂的才能，於是一再懇求紹運，最後讓他成為立花家的婿養子。

宗茂在1581年的石坂之戰中初次上陣，此後便不斷立下戰功；而在與島津家作戰時，他力抗5萬大軍，奮力擊退島津軍，其武勇表現得到豐臣秀吉的賞識，因此提拔為大名。儘管在關原之戰時，宗茂以西軍的身分參戰，在戰敗後遭到改易；但家康十分器重他的能力，故又恢復大名地位。可以說宗茂武勇與忠義的特質，同時得到兩位天下人的讚賞。

武將軼聞

**而後一同成為立花家當主
道雪之女立花誾千代**

宗茂迎娶立花道雪之女誾千代為妻，這位誾千代也是一名以武勇見長的公主；據說她在關原之戰時全副武裝，並指揮侍女們擊退敵人。

Illustration: みきさと

191

龍造寺家

【家徽：十二日足】

將太陽化為圖案的家徽，雖然非常罕見，但在北九州卻是經常使用的圖案。

龍造寺家的勢力圖

龍造寺家原為肥前的國人，在流放主家少貳家之後獨立。而在隆信成為家督之後，由於介入大友家的內亂而遭到家臣流放，之後捲土重來並統治肥前。此後，隆信在大友家衰退之際掌握肥後、筑後、筑前等國，可惜在與島津家作戰時落敗。隆信去世之後，龍造寺一族開始衰退，家中實權落入重臣鍋島家之手。

1584年滅亡

1581年龍造寺家勢力　　1584年龍造寺家勢力

龍造寺家參與的主要戰役

=攻城戰　=野戰

1530年

田手畷之戰

少貳軍　VS　大內軍

周防大內家為了稱霸北九州，向少貳家發動攻擊。龍造寺家兼在勢福寺城奮勇作戰，在擊退大內家後擴張勢力。

➡ 少貳家勝利

1570年

今山之戰

龍造寺軍　VS　大友軍

大友家率領6萬大軍攻打龍造寺家，龍造寺軍果敢地向大友軍發動夜襲，以大將大友親貞戰死為代價之下取得勝利。

➡ 龍造寺軍逆轉得勝

1584年

沖田畷之戰

龍造寺軍　VS　島津軍

龍造寺家為了征討背叛的有馬家而派出大軍，與支援有馬家的島津軍作戰，遭遇伏兵襲擊後潰敗，龍造寺隆信也在此役中戰死。

➡ 龍造寺軍潰敗

龍造寺隆信

Ryuzoji Takanobu ｜生卒年｜ 1529年～1584年

戰鬥

智力

家世

野心

出生地

肥前國（佐賀縣、長崎縣）

亂世的梟雄
憑藉冷酷無情
一舉擴張龍造寺家

隆信是僅憑短短一代，便從國人領主一躍成為戰國大名的猛將，有「五州二島太守」之稱。他在年輕時數度被逐出肥前，不斷飽嘗痛苦，造就他疑心病重且冷酷無情的性格，因此得到「肥前之熊」的外號。

隆信擅長運用謀略或暗算手段，來達到擴張勢力的目的，比如大友家於耳川之戰中大敗於島津家，他便趁機奪取大友家的領地。不過家臣起而背叛的情況也時有所聞，隆信便是因有馬家背離，而與島津家發生衝突，雙方於沖田畷交戰，最終龍造寺軍落敗，隆信也不幸在此役中遇害身亡。

武將軼聞

短短一代即立足一方的梟雄
但在家臣之中的人望卻……

傳聞冷酷的隆信不得人心，不僅在沖田畷之戰中被部下拋棄，而且在島津家歸還隆信的首級時，甚至遭到家臣的拒絕。

Illustration: 三好載克

鍋島直茂

| Nabeshima Naoshige | 生卒年 | 1538年～1618年 |

第2章 龍造寺家 鍋島直茂

戰鬥

智力

家世

野心

出生地

肥前國（佐賀縣、長崎縣）

　直茂是龍造寺隆信在稱霸九州的道路上，一名不可或缺的人物，他同時也是隆信的義弟與龍造寺家的忠臣，在戰場上總是一馬當先，立下無數戰功。

　隆信戰死於沖田畷之戰後，直茂運用外交能力，力保龍造寺家不受島津家侵略；而在豐臣秀吉征伐九州之際，也因為支持秀吉而成功地保全主家的領土。後來豐臣家與德川家皆欲將龍造寺家的實權交付給直茂，對此感到絕望的隆信之孫龍造寺高房因此憤恨而死，而後龍造寺家便由直茂的嫡子繼承；就結果來看，龍造寺家可說是遭到直茂篡奪。

正因全力守護
終至篡奪龍造寺家

武將軼聞

鍋島直茂奪取主家
而誕生「怪貓騷動」的怪談

　由於家國遭到直茂橫奪，致使高房憤恨而死，之後家中便出現高房冤魂出沒的傳言。人們根據這些傳聞，創作出高房的貓化身鬼怪復仇、名為「鍋島怪貓騷動」的鬼故事。

Illustration: 三好載克

第 3 章

其他群雄

雖然未能晉身成為輝煌燦爛的勝利者，
但這些群雄仍在歷史上留下他們的活躍身影。
想要深入了解戰國時代就不能輕易錯過。

日本最北端的藩主一族

蠣崎家

藉由鎮壓愛努族武裝暴動而發跡的一族。原先從屬安東家，而後獨立，並躋身成為戰國大名。在蠣崎慶廣一代時，改姓松前，成為松前藩的藩主。

戰國時代當主 蠣崎季廣
（1507年～1595年）

雖然蠣崎家長年與愛努族作戰，但到季廣這一代時，卻轉而向愛努民族示好，並且互通貿易以謀取雙方的利益。此外，季廣亦安排女兒們嫁至東北的大名家，藉以締結姻親關係，為其子慶廣打下獨立成為大名的基礎。

與朝廷作戰的蝦夷英雄血統

安東家

為前九年之役中與朝廷作戰的安倍貞任後裔，勢力包括現今的青森縣至秋田縣一帶，仰賴與愛努民族貿易而繁盛，後來移封至常陸國（茨城縣）。

戰國時代當主 安東愛季
（1539年～1587年）

愛季將鎌倉末期因內亂而分裂的安東家統一，並且與南部家及大寶寺家作戰，而迎來安東家的最盛時期。愛季同時也十分注意本州中部的局勢，刻意親近織田信長與豐臣秀吉，晚年時將一族姓氏從安東改為秋田。

於東北建立勢力的甲斐源氏一門

南部家

奉源光行為先祖的名門，擁有現今青森縣到岩手縣的廣大領土。但一族內部紛爭不斷，在豐臣秀吉統一天下後，一族有力者九戶政實甚至發起叛亂。

戰國時代當主 南部晴政
（1517年～1582年）

南部家分為三戶與八戶兩派，且長期紛擾不斷，在晴政統一南部家之後打下作為戰國大名的基礎。他是一名勇猛的武將，曾親自率領軍隊，擊退斯波家及安東家的侵略，強化與一族之間的關係，並廣納家臣，迎向南部家的最盛時期。

趁南部家內亂時獨立

津輕家

為南部家的庶子一族，起初是以大浦為姓氏，到了養子津輕為信這一代時，從南部家獨立出來，並且在謁見豐臣秀吉之後獲得大名的地位。

戰國時代當主 津輕為信
（1550年～1608年）

為信出身自南部一族的久慈家，成為大浦為則的養子後繼任家督。在南部當主晴政與養子信直之間發生紛爭時，他打敗信直的父親石川高信後奪取石川城，接著一一擊敗周邊的南部一族而獲得領地，繼而獨立為一位戰國大名。

足利宗家一脈 名族中的名族

斯波家

斯波一族源自鎌倉時代移居至奧州斯波郡的足利家，之後改姓斯波。雖然是室町時代擔任管領一職的名門，可惜在應仁之亂後，斯波家亦逐漸沒落。

戰國時代當主 斯波義銀
（1540年～1600年）

為尾張國（愛知縣）守護斯波義統之子。由於父親遭到織田信友殺害，遂請求織田信長討伐信友。之後在信長的策劃之下，義銀成為尾張守護，但實際上卻只是信長操控的傀儡，故而處心積慮打算流放信長，卻不幸反遭流放。

雖為名族一門 卻無法保全家名

大崎家

大崎家是奧州管領斯波家兼的後代，過去曾效力伊達家與南部家。進入室町時代因為廢除奧州管領而開始沒落，後來未參與小田原征伐而遭到改易。

戰國時代當主 大崎義隆
（1548年～1603年）

為大崎義直之子。大崎家從父親一代開始，便受到伊達家壓制而衰退，最後終於屈服於伊達政宗的勢力之下。由於領內在小田原征伐時發生一揆，因此無法參戰，最後遭到改易的處分，但也有傳聞指出此次一揆乃是政宗的策略。

於伊達家與佐竹家之間保持獨立

相馬家

相馬家的祖先是平將門後代相馬師國的養子千葉師常，且分為奧州相馬家與下總相馬家兩脈，兩家互不相讓，後來奧州相馬家成為伊達家的宿敵。

戰國時代當主 相馬盛胤
（1529年～1601年）

乃相馬顯胤之子，為奧州相馬家的第十五代當主。因為父親顯胤在伊達家發生內亂時支持伊達稙宗，造成相馬家與伊達晴宗敵對，往後更成為伊達家的宿敵。盛胤也曾經與伊達晴宗及輝宗作戰，並奪下伊具郡和丸森城等地。

屈服於奧州霸者之下的會津要角

蘆名家

蘆名家原本是握有三浦半島一帶勢力的三浦家一門，在鎌倉時代移居會津，更加擴大其勢力範圍，甚至自稱為會津守護，後來遭到伊達政宗消滅。

戰國時代當主 蘆名盛氏
（1521年～1580年）

蘆名家第十六代當主。在盛氏消滅山內家、相繼壓制二階堂家與二本松家之後，迎向蘆名家的最盛時期。後因繼承人盛興早逝，迎接二階堂盛隆為養子，但有不少重臣極力反對；在盛氏去世後，蘆名家也隨之迅速衰退。

申報錯誤而遭消滅的武門一家

宇都宮家

宇都宮家從鎌倉時代即在下野國一帶立足，與侵略關東的北條家作戰。小田原征伐之後，在太閤檢地時因石高申報不實，被懷疑有私心，最後遭到改易。

戰國時代當主　宇都宮成綱
（1468年～1516年）

宇都宮家第十七代當主，年幼時便繼任家督，之後即重新編制家臣團，鞏固權力中心，令室町後期即沒落的宇都宮家得以重振。他在消滅鹿沼後擴大領土，擊退佐竹家的入侵，在一次又一次的勝利之下迎向宇都宮家的極盛時期。

與關東霸者爭鋒的房總之雄

里見家

為上野源氏一門。在室町時代一度遭到消滅，之後又於安房國（千葉縣）捲土重來，與足利家、武田家、上杉家聯手對抗北條家，一族延續至江戶時代。

戰國時代當主　里見義堯
（1507年～1574年）

父親於家中內亂時遭到殺害，義堯在獲得北條氏綱的支援之下，從家督競爭中勝出而成為當主；然而之後卻和氏綱對立，並與佐竹家及上杉家聯手對抗北條家。儘管在北條氏康時曾一度遭到壓制，最終仍將失去的領土奪回。

從將軍家分離出來的關東足利家

足利家

先祖為足利尊氏的三男、後來成為鎌倉公方的足利基氏。後代與幕府對立而遭消滅，在成氏成為古河公方時復興，最後因北條家奪取關東統治權而斷絕。

戰國時代當主　足利晴氏
（1508年～1560年）

為第四代古河公方，在父親高基一代獨立，並且與北條氏綱結盟，消滅改稱小弓公方的叔父義明。但之後與氏綱之子氏康對立，與山內上杉家及扇谷上杉家聯手攻打北條領內的河越城，最後卻大敗，而後便逐漸沒落。

輔佐鎌倉幕府的藤原氏後裔

上杉家

上杉家世代擔任關東管領一職。一族一分為四，由山內上杉家與扇谷上杉家擴大勢力；但後來卻敗給北條家，山內上杉家被逐出關東，扇谷上杉家滅亡。

戰國時代當主　上杉憲政
（1523年～1579年）

為山內上杉家當主。為了與侵略關東的北條家對抗，於是和扇谷上杉家及足利家聯手攻打北條家，不幸在河越城之戰大敗，此後轉趨沒落。之後憲政輾轉逃亡至越後投靠長尾家，收養上杉謙信為養子，並讓出關東管領一職。

復興未果 成為大名的夢想也落空

神保家

為大陸移民惟宗氏的後代，仕官於畠山家並計畫獨立，在失敗之後沒落。而後於神保長職一代試圖再起，但卻引發家族內亂，最終滅亡。

戰國時代當主
神保長職
（生年不詳～1572年）

令神保家於越中國（富山縣）復興，一舉成為越中最大勢力，但在敗給上杉謙信之後投降。儘管反上杉派的長男長住引發內亂，不過仍順利地平息紛爭；然而神保家在長職去世後，由反上杉派勢力抬頭，因而遭到上杉家消滅。

於北陸復活的名族

畠山家

於源平合戰活躍，卻在之後沒落的名門畠山家，在足利將軍家一族的足利義純繼承之後再度復活。而後卻於戰國時代爆發內亂，遭到上杉謙信消滅。

戰國時代當主
畠山義總
（1491年～1545年）

能登畠山家坐擁越中國（富山縣）與能登國（石川縣）一帶，而義總即是畠山家第七代當主。義總與叔父義元協力鎮壓國內的一向一揆，並致力於強化統治體制，興建七尾城，發展城下町並保護工商業，建立起畠山家的全盛時期。

信玄年輕時的最大強敵

村上家

為南北朝時代跟隨足利尊氏作戰的一族，在與信濃守護小笠原家爭奪信濃國（長野縣）北部時獨立，而後與武田信玄激戰後落敗，最後被逐出信濃國。

戰國時代當主
村上義清
（1501年～1573年）

與武田家及諏訪家聯手擊敗海野家，統治北信濃一帶，之後與武田信玄作戰，於上田原之戰和砥石城之戰大敗武田軍；不過而後卻因真田幸隆的策略，致使砥石城淪陷，之後遭到武田家的壓制，最後逃亡投靠上杉謙信。

繼承名門之名 一躍成為大名

姉小路家

三木家從京極家手下獨立出來後，便繼承南北朝時代擔任飛驒（岐阜縣）國司的姉小路家之家名，其後更統一飛驒國，並且向豐臣秀吉臣服。

戰國時代當主
姉小路賴綱
（1540年～1587年）

賴綱受父親姉小路良賴之命，繼承姉小路家之名。雖屬上杉家，卻和織田家交好，在上杉謙信去世之後更與織田家聯手，剿滅國內親上杉派勢力，完成飛驒國的統一；信長死後，賴綱跟隨柴田勝家，遭到秀吉攻打後投降。

遭織田家併吞的鄰國

北畠家

為村上源氏的後代，為世代侍奉天皇家的公家一族，統治志摩國（三重縣）與紀伊國（和歌山縣）一帶；在投降織田家之後，一族皆遭到暗殺而滅亡。

> **戰國時代當主** 北畠晴具
> （1503年～1563年）
>
> 北畠家第七代當主，曾出兵志摩與紀伊而擴大領土，甚至遠達大和國（奈良縣）。晴具將家督之位讓與繼承人具教後，卻仍保有相當的權力，更擊敗伊勢國內對立的長野家。晴具文武雙全，同時也是一位精通和歌與書法的文化人。

於衰退之中頑強不屈求生存

京極家

為宇多源氏一族，擔任近江國（滋賀縣）及出雲國（島根縣）的守護。由於戰國時代淺井家和尼子家興起，導致京極家衰退，但仍存續至江戶時代。

> **戰國時代當主** 京極高次
> （1563年～1609年）
>
> 高次侍奉織田信長，於本能寺之變時跟隨明智光秀，在身為秀吉側室的胞妹求情之下，才獲得原諒。妻子為淺井長政與市之方的女兒阿初，由於沒有什麼功績卻能一再升遷，因此諧傳是憑藉妻妹的餘蔭，故被稱為「螢大名」。

同族相爭之下於近江國盛極一時

六角家

六角家為京極家的分家，與京極家互爭近江國（滋賀縣）的統治權，在六角定賴繼任家督時邁入全盛時期，之後勢力衰退而遭到織田家消滅。

> **戰國時代當主** 六角義賢
> （1521年～1598年）
>
> 為六角定賴的後繼者。父親定賴健在時建立六角家的全盛時期，雖然勢力尚得以維持，但是在父親去世之後卻敗給三好長慶；而在隱居後，麾下的淺井長政也宣告獨立，接著在參與信長包圍網時也不幸落敗投降，之後去向不明。

未追隨信長甚至發起反叛

波多野家

波多野家的祖先是鎮壓平將門之亂的藤原秀鄉，占據丹波國（京都府）一帶勢力，曾經效力織田信長，之後與織田家為敵，反遭攻打而滅亡。

> **戰國時代當主** 波多野秀治
> （生年不詳～1579年）
>
> 波多野家從秀治的祖父開始便效力三好家，而在三好長慶死後，秀治即奪取丹波國的八上城而獨立。當織田家擴張勢力時，秀治一度臣服，但後來то背叛，參與信長包圍網，奮力抵抗難纏的織田軍後仍不敵投降，最後遭到處刑。

最終選擇錯誤而消失的名門

赤松家

為村上源氏的後代，在嘉吉之亂發生時一度沒落，之後再次復興。到了戰國時代雖然內亂不斷，仍得以維持家族，卻不幸在關原之戰後遭到改易。

戰國時代當主 **赤松義祐**
（1537年～1576年）

為赤松晴政之子，雖與父親齊力管理領國，但在有力家臣浦上政宗的推波助瀾之下流放父親，而坐上當主之位。之後家中的內亂仍持續不斷，致使義祐也與織田家處於敵對狀態，在修復關係之後才得以脫離此困境。

下克上而發跡 自身卻也遭到下克上的命運

浦上家

浦上家原為赤松家效力，卻在浦上村宗殺害赤松義村後背叛赤松家，並於宗景一代成為戰國大名，之後又遭到家臣宇喜多直家流放而滅亡。

戰國時代當主 **浦上宗景**
（生卒年不詳）

為浦上村宗之子，浦上家在他與繼承浦上家的兄長政宗對立之後分裂，宗景坐擁備前國（岡山縣）一帶勢力，其領地的統治權在親近織田信長後獲得認可，但卻遭到家臣宇喜多直家兩度背叛，最終被驅逐出居城。

曾席捲全日本的一大勢力

山名家

山名家於室町時代擔任11國的守護而盛極一時，但在足利義滿繼任將軍時遭到削弱；戰國時代夾在織田家和毛利家之間，處境艱難，最後投降織田家。

戰國時代當主 **山名祐豐**
（1511年～1580年）

祐豐討伐同族擔任因幡國（鳥取縣）守護的山名誠通，將分裂的山名家加以統一。儘管山名家向勢力擴大的織田家投降，家中重臣卻與毛利家暗通，因此被視為與織田家敵對，最後在織田軍的攻擊之下死於籠城戰當中。

與豪族爭奪勢力而落敗的名門

一色家

一色家為足利家一族，擔任若狹國（石川縣）以及丹後國（京都府）的守護，但在衰退後遭到若狹武田家搶奪守護職，後來在織田家的攻打之下滅亡。

戰國時代當主 **一色義道**
（生年不詳～1579年）

義道原本與織田信長保持友好的關係，後來因支持與信長敵對的足利義昭，加上保護從比叡山延曆寺出逃的僧侶，而與信長對立，因此受到織田家的攻擊；義道也在逃往山名家的途中遭到家臣背叛，最終自殺身亡。

延續自源平合戰時代的土著之家

河野家

戰國時代當主 **河野通直**
（1564年～1587年）

為前代當主河野通宣的養子。河野家在他成為當主時正逐漸衰敗，雖然與毛利家聯手抵抗長宗我部家的入侵，但最後仍不敵投降；而在豐臣秀吉壓制四國之後，伊予河野家被移封至安藝國，最後就此斷絕。

河野家為擁有伊予國（愛媛縣）一帶勢力的越智家後代。最初臣服於長宗我部元親之下，但在元親向豐臣秀吉投降後，一族移居至安藝國（廣島縣）。

屈服於周邊壓力的公家大名

西園寺家

戰國時代當主 **西園寺公廣**
（1537年～1588年）

公廣原本是一位僧侶，後因身為西園寺家當主的伯父之子戰死，因此成為養子以繼任家督。公廣先是向長宗我部家投降，後來又臣服於壓制四國的豐臣秀吉。最後秀吉命家臣戶田勝隆擔任新領主，並且將公廣誘入宅邸殺害之。

原為藤原家一族的公家，之後成為戰國大名。戰國時代遭周邊各國攻擊而衰退，最後投降長宗我部家；在秀吉完成四國征伐後，因當主遭到謀殺而滅亡。

改變投靠勢力而重振的名族

秋月家

戰國時代當主 **秋月種實**
（1548年～1596年）

種實在父親被大友家攻擊而自殺時脫逃，之後在毛利家的支援下奪回居城；雖曾屈服在大友家的壓力下而稱臣，但在大友家於耳川之戰大敗時又再度反叛，與島津家聯手奪取大友家的領土，繼而構築秋月家的最盛時期。

秋月家為從大陸遠渡而來的大藏氏後代，效力大友家時曾一度因叛變而沒落，在秋月種實的努力下得以重振旗鼓，而後在關原之戰倒戈東軍。

強敵環伺下發揮過人的生存本領

有馬家

戰國時代當主 **有馬義貞**
（1521年～1577年）

在義貞成為當主時，有馬家因為大友家與龍造寺家的壓制而逐漸衰退；不過他在領地經營上卻能發揮卓越的手腕，比方與南蠻貿易來獲利等等。之後義貞受洗成為吉利支丹大名，家中也因為義貞的影響，而十分盛行天主教。

有馬家曾為肥前國（佐賀縣）最大勢力，後來遭龍造寺家壓迫，與島津家聯手於沖田畷之戰擊敗龍造寺隆信。之後臣從豐臣秀吉，得以保全領土。

憑藉天下人之手復興的小大名

相良家

相良家原先分為多良木莊與人吉莊兩大勢力，於室町時代完成統一。在戰國時代時相良家敗給島津家，於豐臣秀吉的協助下恢復人吉地區的領主身分。

戰國時代當主
相良義陽
（1544年～1581年）

義陽11歲時在祖父的監護下繼任家督。祖父去世後，叔父開始高舉反旗，最後雖然成功鎮壓，卻又再度爆發內亂，因此一直致力於解決內部紛爭。之後向島津家稱臣，攻打阿蘇家，卻遭到曾為友人的阿蘇家軍師甲斐宗運殺害。

成為戰國大名的宮司一族

阿蘇家

阿蘇家為祭祀阿蘇山的大宮司一脈。在敗給島津家後，雖然豐臣秀吉賜予領土，卻因與一揆牽連而一度斷絕，後來經加藤清正的安排才得以復興。

戰國時代當主
阿蘇惟將
（1520年～1583年）

惟將在前代當主阿蘇惟豐去世後成為後繼者。惟將在成為當主的期間，阿蘇家遭遇龍造寺家與島津家兩面夾擊，地位搖搖欲墜；惟將提拔甲斐宗運為軍師，運用外交策略保持與周邊各國的關係，藉以保全阿蘇家。

反抗島津家又再度復歸的一門

肝付家

肝付家原先擔任島津家莊園管理的職務，到了戰國時代卻與伊東家聯手對抗島津家。兼護一代時臣從島津家，但領地卻遭沒收，成為島津家一介武將。

戰國時代當主
肝付兼續
（1511年～1566年）

肝付家第十六代當主。儘管與島津家保持友好關係，不久後卻和島津貴久對立，並與伊東家聯手對抗島津家。雖然曾一度取得勝利而壓制島津家，但居城高山城卻因島津家反擊而淪陷，之後去向不明；也有一說認為他自殺身亡。

曾為島津家勁敵的九州南部強權

伊東家

伊東家一直以來便不斷與鄰國島津家發生衝突，在戰國時代曾一度壓制島津家，卻於落敗後遭到流放，後來在豐臣秀吉的安排下成為飫肥領主。

戰國時代當主
伊東義祐
（1512年～1585年）

由於原身為伊東家當主的兄長早逝，繼任的弟弟隨後也跟著病逝，因此便由義祐繼任成為伊東家第十代當主。他數度與肝付家聯手進犯島津領內，建立起伊東家的極盛時期；可惜於木崎原之戰大敗而失去許多重臣，之後逐漸沒落。

戰國生活 相關

戰國時代的生活型態為何？

 ### 民眾的職業

當戰國武將們終日南征北討、擴張版圖範圍或抵禦外侮時，另一方面，當時的一般人民又是過著什麼樣的生活呢？

生活在戰國時代的百姓，和現代的人們一樣會從事各種職業，一部分收入則是作為年貢上繳給領主。提及年貢的內容，往往會給人稻米的印象，但也有些人所居住的地方並不適合種植稻米，此時便會以魚類、木材、礦物這類地區產物，或者加工品等物品作為年貢來繳納。

而在領主發起戰爭時，便是根據每個村落的人口比例徵召士兵，武器通常都是由民眾自行準備；一直到豐臣秀吉發布刀狩令之前，民眾隨身攜帶武器可說是一件再平常不過的事情。

戰國時代民眾的主要職業

◉ 農民（生產者）◉

農民除了種植稻米這類農作物之外，還包含沿岸地區以漁業維生的漁民，以及居於森林地帶以狩獵或林業維生的百姓。這些百姓在爆發戰爭時也會以士兵的身分投入戰場，也有不少人會作為村落的自衛隊。

◉ 商人 ◉

商人即是買賣生產者所製造的商品、開發並且整頓產品的銷售通路。在這些從事大規模貿易買賣而獲取暴利的富商當中，也有一些因為與大名關係匪淺，而晉身成為一國或一族的御用商人。

◉ 工匠 ◉

除了鐵匠、木匠、漆匠這些替產品加工，而製造出各式各樣物品的人們之外，還有像造園師這類以販售技藝維生的工匠。他們不僅向商人們販售商品，也會製作農具與生活用品這類生活必需品。

◉ 傭兵 ◉

傭兵是指參與戰事而獲取報酬的人們，這些人原本是生產者或浪人（沒有侍奉主家的流浪武士），為了生活及填飽肚子而從事這個行業。例如雜賀眾即是在本願寺支援下，收集鐵砲而組織成的傭兵團。

戰國時代的飲食

戰國時代的主食和現代一樣皆為白米，由於當時會以白米代替貨幣使用，因此在不適合種植的地區著實難以取得。此外，在比東北及北陸等更寒冷的地方，也經常種植小麥作為主食。

而於室町時代出現的味噌湯，也是平民百姓餐桌上的必備菜色。當時發明出以芋頭莖編成麻繩狀，再與味噌一起熬煮的「芋莖繩」，只要放入熱水便能煮出一鍋味噌湯，常作為士兵們的隨身食糧。此外，大海或河川的魚類，以及野豬、野鹿等，也都是主要的食材。

另外，由於砂糖十分昂貴，甜味主要是以麥芽糖來取代。

戰國時代的娛樂

雖然戰國時代的娛樂活動與現代相比少了許多，不過百姓仍會以經常舉辦的祭典，或者猿樂、狂言等表演來作樂；此外，據說觀賞戰爭也算是娛樂的一種。

儘管目前留有豐臣秀吉舉辦大規模賞花活動的紀錄，但百姓賞花的風氣卻是在江戶時代才開始流行；至於武將之間，則是盛行鷹狩、圍棋、將棋、茶湯等娛樂。

德川家康
鷹狩是家康最為人知的興趣之一，心腹本多正信最初也是以馴鷹者身分侍奉。

人們的壽命

關於戰國時代的平均壽命眾說紛紜，目前最有力的論點是40歲左右，這是因為當時醫療並不發達，加上流感這類流行病的威脅所致；特別是兒童死亡的例子更是多不勝數，這也是平均壽命下降的原因之一。當時的人們如果可以平安度過兒童時期，那麼能夠健康活到70歲以上的機率也會大大地提升。

真田信之
信之擔任藩主直到91歲，93歲時壽終正寢，可說是戰國時代第一名長壽武將。

索引

■參考文獻

『朝日 日本歷史人物事典』（朝日新聞社）、『家紋的世界 あなたのルーツはここにあった！』インデックス編集部編（イースト・プレス）／『学研 M 文庫 史伝 佐々成政』遠藤和子著、『学研 M 文庫 武田家臣団 信玄を支えた 24 将と息子たち』近衛龍春著、『歴史群像 85 2007 年 10 月号』、『歴史群像 86 2007 年 12 月号』、『歴史群像 87 2008 年 2 月号』、『歴史群像 92 2008 年 12 月号』、『歴史群像アーカイブ Vol.6 戦国合戦入門』、『歴史群像シリーズ 実録『花の慶次』武将列伝』中西豪著、『歴史群像シリーズ 19 伊達政宗 独眼竜の野望と咆哮』、『歴史群像シリーズ 30 豪壮秀吉軍団 天下に雄飛した精鋭列伝』、『歴史群像シリーズ 50 戦国合戦大全 上巻 下克上の奔流と群雄の戦い』黒田基樹 平山優 大野信長 藤井尚夫 藤本正行 小木香著、『歴史群像シリーズ 51 戦国合戦大全 下巻 天下一統と三英傑の偉業』新宮正春 光武敏郎 貫井正之 三木靖 小笠原清 中村達夫著、『歴史群像シリーズ特別編集 決定版 図説・戦国合戦地図集』、『歴史群像シリーズ特別編集 決定版 図説・戦国合戦集』、『歴史群像シリーズ特別編集 日本 100 名城公式ガイドブック』日本城郭協会監修、『歴史群像シリーズ特別編集 決定版 図説・戦国甲冑集』伊達昭二著、『歴史群像シリーズ特別編集 全国版 戦国精強家臣団 勇将・猛将・烈将伝』、『歴史群像シリーズ特別編集 戦国九州三国志 島津・大友・龍造寺の戦い』、『新・歴史群像シリーズ 3 信長・秀吉・家康 天下統一と戦国の三英傑』、『新・歴史群像シリーズ 12 徳川家康 大戦略と激闘の譜』（以上、学研）、『龍造寺隆信 五州二島の太守』川副博著 川副義敦考訂（佐賀新聞社）／『戦国今川氏 その文化と謎を探る』小和田哲男著（静岡新聞社）／『家紋 知れば知るほど』丹羽基二監修（実業之日本社）／『Truth In History8 武田信玄 武田三代興亡記』吉田龍司著、『Truth In History10 上杉謙信 信長も畏怖した戦国最強の義将』相川司著、『Truth In History11 伊達政宗 野望に彩られた独眼竜の生涯』相川司著、『Truth In History13 戦国武将事典 乱世を生きた 830 人』吉田龍司 相川司 川口素生 清水昇著（以上、新紀元社）／『戦国 北条一族』黒田基樹著、『陸奥・出羽 斯波・最上一族』七宮涬三著、『常陸・秋田 佐竹一族』七宮涬三著、『下野 小山・結城一族』七宮涬三著、『戦国人名辞典 コンパクト版』阿部猛 西村圭子編、『歴史読本 2009 年 4 月号 特集 戦国大名血族系譜総覧』、『天下取り採点 戦国武将 205 人』『別冊歴史読本 39 戦国武将列伝 甲冑・旗指物・陣羽織等、名品を一挙掲載』（以上、新人物往来社）／『宝島社文庫 戦国武将最強列伝』別冊宝島編集部編（宝島社）／『早わかり戦国史』戸川淳編著（日本実業出版社）／『戦国闘将伝 島津義弘 慈悲深き鬼』戦国歴史研究会著、『上杉謙信と宇佐美定満』戦国歴史研究会著、『PHP 文庫 戦国合戦事典 応仁の乱から大坂夏の陣まで』小和田哲男著、『PHP 新書 戦国大名 県別国盗り物語 我が故郷の武将にもチャンスがあった!?』八幡和郎著（以上、PHP 研究所）／『人物叢書 前田利家』岩沢愿彦著 日本歴史学会編集、『人物叢書 長宗我部元親』山本大著 日本歴史学会編集、『人物叢書 今川義元』有光友學著 日本歴史学会編、『人物叢書 大友宗麟』外山幹夫著 日本歴史学会編、『人物叢書 三好長慶』長江正一著 日本歴史学会編、『人物叢書 覚如』重松明久著 日本歴史学会編、『人物叢書 朝倉義景』水藤真著 日本歴史学会編、『人物叢書 浅井氏三代』宮島敬一著 日本歴史学会編（以上、吉川弘文館）

★另有參考其他書籍與網站資料。

日本戰國武將列傳

出　　　版／楓樹林出版事業有限公司
地　　　址／新北市板橋區信義路163巷3號10樓
郵 政 劃 撥／19907596 楓書坊文化出版社
網　　　址／www.maplebook.com.tw
電　　　話／02-2957-6096
傳　　　真／02-2957-6435
編　　　著／株式會社レッカ社
翻　　　譯／趙鴻龍
責 任 編 輯／江婉瑄
總 經 銷／商流文化事業有限公司
地　　　址／新北市中和區中正路752號8樓
網　　　址／www.vdm.com.tw
電　　　話／02-2228-8841
傳　　　真／02-2228-6939
港 澳 經 銷／泛華發行代理有限公司
定　　　價／350元
初 版 日 期／2017年3月

國家圖書館出版品預行編目資料

日本戰國武將列傳 / 株式會社レッカ社
編；趙鴻龍翻譯. -- 初版. -- 新北市：楓
樹林，2017.03　面；　公分

譯自：戦国時代武将列伝

ISBN 978-986-5688-61-5 (平裝)

1. 戰國時代　2. 軍人　3. 傳記　4. 日本史

731.254　　　　　　　　　105025561